PRIMER NIVEL:

APRENDE
ARMONÍA
FÁCILMENTE

POR VICTOR M. BARBA

Amsco Publications
New York/London/Paris/Sydney/Copenhagen/Madrid

Cover photograph by Randall Wallace
Project editor: Ed Lozano

This book Copyright © 2004 by Amsco Publications,
A Division of Music Sales Corporation, New York

Order No. AM 978395
US International Standard Book Number: 0.8256.2793.1
UK International Standard Book Number: 1.84449.222.2

Exclusive Distributors:
Music Sales Corporation
257 Park Avenue South, New York, NY 10010 USA
Music Sales Limited
8/9 Frith Street, London W1D 3JB England
Music Sales Pty. Limited
120 Rothschild Street, Rosebery, Sydney, NSW 2018, Australia

Printed in the United States of America by
Vicks Lithograph and Printing Corporation

ÍNDICE

INTRODUCCIÓN

MÚSICA FÁCIL...¡CON ESTE LIBRO ES REALMENTE FÁCIL!

¿Alguna vez has querido hacer algún arreglo cuando estás acompañando alguna canción? ¿Te gustaría saber con qué tonos se acompaña una melodía? Cuando escuchas una canción en el radio o en un CD, ¿quieres saber cómo tocarla o acompañarla? ¿Te gustaría aprender cómo cambiar de tono una canción? ¿Hacer un arreglo musical? ¿Quieres disfrutar aún más de la música? Si respondiste sí a cualquiera de estas preguntas, entonces la solución es fácil: estudia armonía.

La armonía es la base para poder conocer la música más a fondo. No importa cuál instrumento toques, ya sea piano, guitarra, bajo, trompeta, acordeón, saxofón o violín. La música en cualquiera de estos instrumentos se representa de forma similar y tiene las mismas reglas básicas para estudiar. Las bases de la música y la armonía son simples: conocer las notas, los ritmos, los intervalos, las escalas y los acordes; con eso tienes suficiente para poder entender, tocar y disfrutar de la música como a ti te gustaría.

Recuerda que la música no tiene límites y este método es para aprender armonía popular para que puedas tocar, acompañar, y hacer arreglos de las canciones populares que normalmente escuchas a diario en el radio. La armonía puede ser más compleja y puede llegar a un nivel más alto, sobre todo en la música clásica o en la música contemporánea. Si después de entender este libro quieres saber más, no dudes en seguir estudiando, porque la música es para siempre y en todo momento habrá cosas nuevas por aprender.

Con este libro aprenderás a *requintear* (como se le llama popularmente a hacer arreglos y adornos en las melodías). Lo que aprendas en este libro lo vas a poder utilizar en cualquier tipo de música que te guste; ya sea norteña, balada, ranchera, cumbia, bolero, rock o salsa. En todos estos diferentes tipos de música existen notas, acordes y escalas. En realidad la diferencia está en cómo se usan estos elementos y la diferente combinación de las notas con el ritmo, el tiempo y sobre todo el talento del compositor de la música. Por lo tanto, apréndete bien las bases y las herramientas que están en este libro y disfruta de la música de una manera más completa.

Ojalá disfrutes tanto en aprender armonía con este libro, como yo disfruté al escribirlo.

CD

El CD contiene varios ejemplos de este libro. Recuerda que lógicamente no podríamos incluir en un solo libro todo lo que puedes aprender, así que sólo hay algunas partes de las más importantes. (Es muy recomendable que el alumno de este libro sepa tocar un instrumento, de preferencia el piano y que sepa leer música, al menos a un nivel básico.) Cada vez que veas una estrellita con un círculo y un número dentro de él, ése es el número del tema musical del CD al que se refiere.

 Por ejemplo, ésta es la canción número 4 y es el tema musical número 4 del CD. Es muy fácil, al igual que toda la música de este libro.

¡Enhorabuena por querer aprender *armonía*. ¡Practica mucho y aprenderás!

COMO SE TOCA EL TECLADO

Recuerda que este libro se llama *Música fácil*, por eso vamos a poner la forma de tocar el teclado de la manera más fácil.

Utilizaremos el teclado como mesa de trabajo. Tan sólo necesitas conocimientos básicos de piano para que se te facilite más comprender armonía y música en general.

Fíjate en donde están las notas en el teclado. Apréndetelas bien porque para el estudio de la *armonía* vamos a hacer uso del teclado casi para todo.

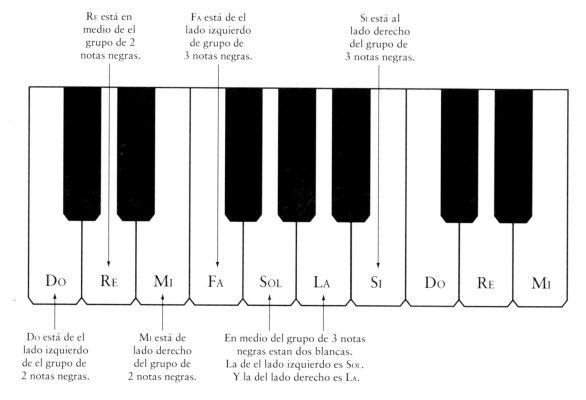

Re está en medio de el grupo de 2 notas negras.

Fa está de el lado izquierdo de grupo de 3 notas negras.

Si está al lado derecho del grupo de 3 notas negras.

Do está de el lado izquierdo de el grupo de 2 notas negras.

Mi está de lado derecho del grupo de 2 notas negras.

En medio del grupo de 3 notas negras estan dos blancas. La de el lado izquierdo es Sol. Y la del lado derecho es La.

Despues de Si, las notas se vuelven a repetir una y otra vez, para atras y para adelante mantienen el mismo orden Do, Re, Mi, Fa, Sol, La, Si, Do, Re, Mi, Fa, Sol, La, Si, Do, Re, Mi, Fa, Sol, La, Si, *etc.*

Las notas negras del piano tienen 2 nombres. Sostenidos (♯) o bemoles (♭).

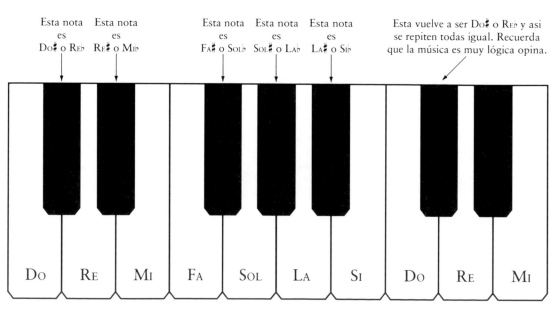

Esta nota es Do♯ o Re♭

Esta nota es Re♯ o Mi♭

Esta nota es Fa♯ o Sol♭

Esta nota es Sol♯ o La♭

Esta nota es La♯ o Si♭

Esta vuelve a ser Do♯ o Re♭ y asi se repiten todas igual. Recuerda que la música es muy lógica opina.

LAS NOTAS (LOS 12 SONIDOS DEL LA MUSICA)

La música tiene 12 sonidos musicales diferentes. Eso es *todo*.

Con esos 12 sonidos diferentes se puede tocar casi toda la música que existe en el mundo.

Digo casi, porque hay algunos tipos de música, como la música tradicional de China o India, que usan más de estos 12 sonidos. Por ahora nos vamos a concentrar en la música que usa estos 12 sonidos musicales, que son los que vamos a estudiar.

Estos son los nombres de los 12 sonidos musicales.

1. Do 2. Do♯ o Re♭ 3. Re 4. Re♯ o Mi♭ 5. Mi 6. Fa 7. Fa♯ o Sol♭ 8. Sol 9. Sol♯ o La♭ 10. La 11. La♯ o Si♭ 12 Si

Este signo ♯, que en inglés se utiliza para indicar un número, se le llama en la música *sostenido* y hace que el sonido *suba medio* tono; así que si la nota es *Do* y luego está el *Do♯*, entonces el *Do♯* esta ½ tono más *alto* o *agudo* que el *Do*.

Una cosa muy importante es que la nota *Sol*, se escucha diferente al *Sol♯*, y cada una de estas notas se escucha diferente al *Sol♭*, aun cuando las tres notas se llaman *Sol*. Si la nota tiene una alteración (sostenido ♯, o bemol ♭) entonces se escucha diferente.

El símbolo ♭, que encontrarás en la música, se le llama *bemol* y hace que la nota o el sonido musical *baje* 1/2 tono; así que por ejemplo un *Si* se oye de una forma, pero el *Si♭*, se oye 1/2 tono más *abajo*.

Importante: El *Do♯* se escucha igual que el *Re♭*. Se escriben diferente, pero se escuchan igual. Lo mismo pasa con el *Re♯* se oye igual que el *Mi♭*. Hay 5 notas de este estilo. Más adelante vas a prender más sobre este tema.

⭐ NOTAS

Estos son los 12 sonidos musicales o 12 sonidos *diferentes*. Cada una de las notas representa un sonido y cada uno es diferente. Excepto por los sonidos *enarmónicos* que se oyen igual pero se escriben diferente (por ejemplo *Do♯* y *Re♭*, o *Re♯* y *Mi♭*).

② ESCALA CROMÁTICA (ASCENDENTE Y DESCENDENTE)

Escala *cromática* de Do ascendente.
Cuando las notas van para arriba, se usa el sostenido (♯).

Do   Do♯   Re   Re♯   Mi   Fa   Fa♯   Sol   Sol♯   La   La♯   Si   Do

Escala *cromática* de Do descendente.
Cuando las notas van para abajo, se usa el ♭ bemol.

Do   Si   Si♭   La   La♭   Sol   Sol♭   Fa   Mi   Mi♭   Re   Re♭   Do

③ ALTERACIONES

Las alteraciones cambiaran la nota en medio tono. Por ejemplo imagínate una nota *Re*, si le ponemos *Re♯*, (*Re* sostenido), entonces se toca medio tono más arriba. Si decimos *Re♭*, (*Re* bemol), entonces es medio tono más abajo. Si decimos *Re✗* (*Re* doble sostenido), entonces se convierte en 1 tono más arriba. Si decimos *Re♭♭*, (*Re* doble bemol), entonces se toca 1 tono más abajo. El becuadro sirve para anular la alteración anterior. Fíjate en estos ejemplos.

Importante: Cada una de las notas se puede decir de varios nombres, por ejemplo, la nota *Re* es también *Mi♭♭* porque el *Mi♭* baja ½ tono y al hacer *Mi♭♭*, baja 1 tono; entonces *Mi♭♭* = *Re*. Esa misma nota *Re*, también se llama *Do✗* (*Do* doble sostenido) porque el ♯ sube ½ tono la nota, al ponerle doble sostenido (✗), sube 1 tono más arriba, entonces *Do✗* = *Re*.

De la misma manera, *Re* tiene 3 nombres: *Re*, *Do✗* o *Mi♭♭*. Por la misma razón la nota *La* tiene 3 nombres: *La*, *Sol✗* o *Si♭♭*. Te doy otro ejemplo más para que de verdad lo entiendas; *Mi* tiene 3 nombres: *Mi* es también *Re✗* y *Mi* también es *Fa♭*. El *Fa♭* sólo baja ½ tono porque de *Mi* a *Fa* sólo hay ½ tono de distancia.

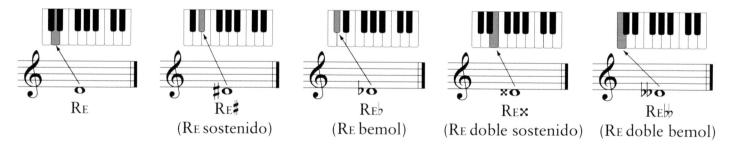

Re   Re♯   Re♭   Re✗   Re♭♭
     (Re sostenido)   (Re bemol)   (Re doble sostenido)   (Re doble bemol)

Aquí tienes un ejemplo de 3 notas que se escriben diferente en el pentagrama, pero se escuchan igual al tocarlas en el piano.

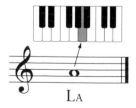

La

Sol✗
(Sol doble sostenido)

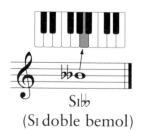

Si♭♭
(Si doble bemol)

④ ALGUNAS REGLAS PARA USAR LAS ALTERACIONES

Como dijimos antes, hay 5 alteraciones en la música y cada una cumple una función. ¡Apréndetelas todas bien.

Pongo el nombre en inglés por si acaso te hace falta. Recuerda que este libro está hecho en los Estados Unidos de América. Si más adelante vas a estudiar más música, puedes consultar muchos libros en inglés muy útiles.

El sostenido: sube ½ tono el sonido de la nota.

El bemol: baja ½ tono el sonido el sonido de la nota.

El becuadro: anula el valor de la alteración.

El doble sostenido: Sube 1 tono completo el sonido de la nota.

El doble bemol: Baja 1 tono completo el sonido de la nota.

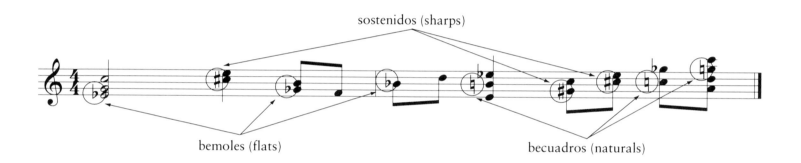

La *alteración* se pone antes de la nota. Esa alteración afecta a la nota *durante todo el compás,* al terminar el compás y comenzar uno nuevo, la alteración ya no cuenta. *El becuadro* se usa para cancelar el sostenido o bemol y afecta sólo a la nota en ese compás.

El sostenido afecta a *todas Las notas del compás.*

El bemol afecta a *todas Las notas del compás.*

Cuando hay que poner muchos sostenidos o bemoles en toda la canción, hay una forma mejor de hacerlo. En lugar de poner la *alteración* cada vez que ocurra antes de cada nota, mejor se pone al principio de la canción todas las *alteraciones* que se van a dar en la canción. Y a eso se le llama *armadura*.

En este caso dice que todos los FA, todos los DO y todos los SOL son sotenidos.

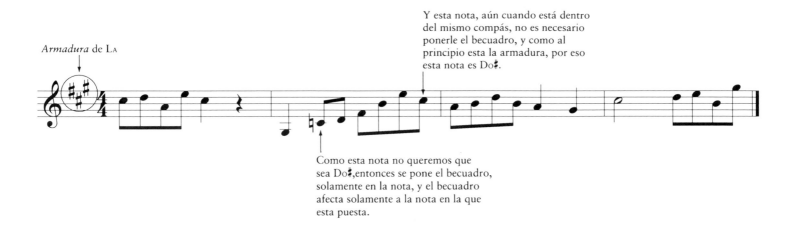

La razón por la cual se usan los doble bemoles o doble sostenidos, es debido al tono en el que está escrita la música. Hay algunos tonos que se deben escribir *FA✕*, en lugar de *SOL*, aunque se escuchen igual. Este fenómeno es similar a lo que hacemos con algunas palabras que se escriben de forma diferente pero quieren decir lo mismo.

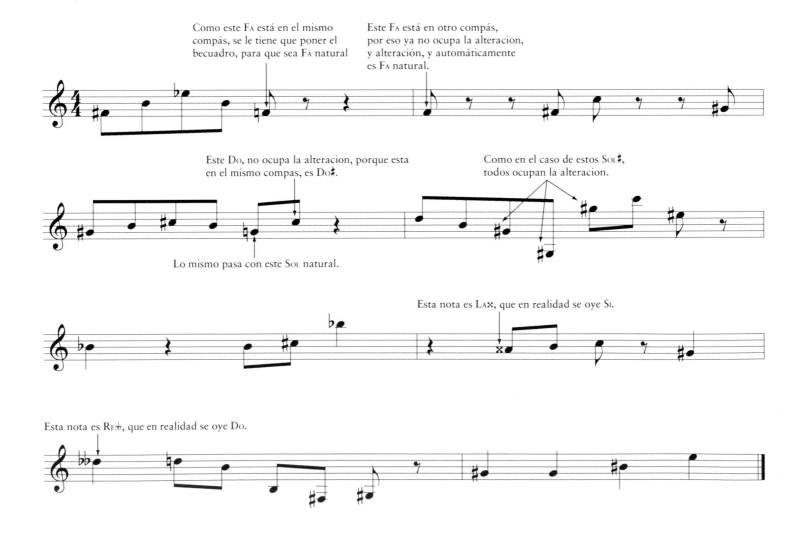

ARMADURA

La armadura es el número de alteraciones que se ponen al principio de una canción o pieza musical. Si tiene 5 sostenidos (♯) es la armadura de *Si* mayor o de *Sol♯m*, etc. Más adelante te mostramos una lista completa de todas las armaduras y sus tonos relativos menores. ¡Apréndetela de memoria. Cuando una canción o pieza musical no tiene ni bemoles ni sostenidos está en el tono de *Do mayor* o *La menor*. Si la canción o pieza tiene 1 sostenido (♯) estás en el tono de *Sol* mayor o en el tono relativo menor que es *Mim*. Mira la siguiente tabla.

EL ORDEN DE LOS SOSTENIDOS
Fa, Do, Sol, Re, La, Mi, Si

Los sostenidos, se ordenan de la misma forma desde hace mucho tiempo. Es muy bueno conocer ese orden porque al sólo ver cuántos sostenidos tiene el principio de una canción, podremos saber en qué tono está.

orden de los ♯								
tono mayor	Do	Sol	Re	La	Mi	Si	Fa♯	Do♯
relativo menor	Lam	Mim	Sim	Fa♯m	Do♯m	Sol♯m	Re♯m	La♯m

EL ORDEN DE LOS BEMOLES
Si, Mi, La, Re, Sol, Do, Fa

De la misma manera que los sostenidos tienen un orden, los bemoles también lo tienen. Si te fijas bien, vas a notar que están al revés que los sostenidos, o sea: Si, Mi, La, Re, Sol, Do, Fa.

Si la canción o pieza musical tiene 2 bemoles estás en el tono de *Si♭ mayor*, o su relativo menor que es *Solm*. Fíjate en el dibujo que sigue y apréndetelo de memoria.

orden de los ♭								
tono mayor	Do	Fa	Si♭	Mi♭	La♭	Re♭	Sol♭	Do♭
relativo menor	Lam	Rem	Solm	Dom	Fam	Si♭m	Mi♭m	La♭m

NOTAS IMPORTANTES SOBRE LAS ARMADURAS

Date cuenta que el tono relativo menor esta a una 3ª menor de distancia, para abajo. De *Do mayor* a *Lam*, hay una 3ª menor, igual que de *Fa mayor* a *Rem* o de *Mi mayor* a *Do♯m* etc. Para distinguir si la música está en un tono mayor o en un tono menor, fíjate en el 3er grado de la escala y en el 7mo. Por ejemplo en una canción en *Do mayor*, la nota *Si* siempre es *Si* natural (*Si* es el 7mo grado de la escala de *Do*), pero en el tono de *Lam*, el 7mo grado que es *Sol*, lo vas a encontrar la mayor parte de las veces alterado, o sea *Sol♯*, incluso cuando las dos armaduras son iguales. Si ves la armadura de *Do mayor*, pero en la canción hay algunas notas de *Sol♯*, entonces estás en el tono menor. Muchas veces la canción termina con la *tónica*, o sea, con la nota del tono en que está la canción. Si ves una armadura de *SOL* por ejemplo, fíjate al final de la canción; si termina con la nota *SOL*, entonces casi es seguro que estás en el tono de *SOL*, si termina con la nota *MI*, entonces estás en el tono de *MI* menor. Por supuesto que si la canción tiene acordes, entonces si es fácil saber en qué tono estás. Hay un truco para recordar en qué tono estás con sólo ver las armaduras:

Sostenidos

¹/₂ tono arriba del último sostenido te dice el tono en el que estás.
Si tiene 4 sostenidos, el orden es *FA♯-DO♯-SOL♯-RE♯* entonces el último sostenido es *RE♯*, pues ¹/₂ tono arriba está la nota *MI* entonces estás en el tono de *MI mayor* o su relativo menor que es *DO♯m*.

Bemoles

El penúltimo bemol te dice el tono en el que estás.
Si la armadura tiene 3 bemoles, el orden de los bemoles es *SI♭-MI♭-LA♭*, el último bemol es *LA♭*, el penúltimo bemol es *MI♭*, entonces estás en el tono de *MI♭ mayor* o su relativo menor que es *DOm*.

EL CÍRCULO DE QUINTAS

En este círculo está la base de la relación que existe entre los acordes mayores, el orden de los sostenidos y los bemoles, y los tonos relativos menores. En dirección de las manecillas del reloj, o sea a hacia la derecha están los acordes de *dominante* y para la izquierda están los acordes de *subdominante*.

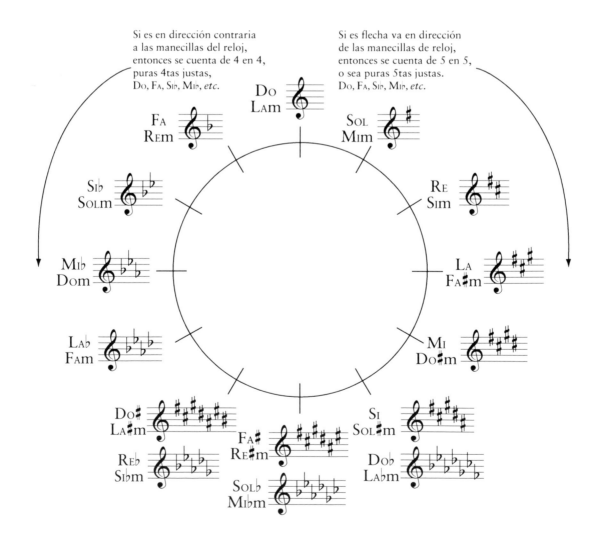

Un acorde de dominante se caracteriza por el sonido que tiene. Por tradición se ha usado de la misma manera en muchas canciones y entonces el oído ya está acostumbrado a eso. Por ejemplo el acorde de *SOL*, es la *dominante* del acorde de *DO*. El acorde de *RE* es la dominante del acorde de *SOL* y así sucesivamente. Si vas para atrás, entonces *FA* es la *subdominante* del acorde de *DO*. El acorde de *dominante* siempre está a una 5ᵗᵃ justa de distancia, mientras que el acorde de *sudominante* está a una 4ᵗᵃ justa de distancia.

El orden de las manecillas del reloj te dice para donde debes de ir. A la derecha van las dominantes, *DO*, luego *SOL* (porque de *DO* a *SOL* hay una 5ᵗᵃ de distancia), después de *SOL* sigue *RE*, porque *RE* es la dominante de *SOL*, después de *RE* sigue *LA* y luego de *LA* sigue *MI* etc.

Al contrario de las manecillas, para el lado izquierdo, está *DO* y luego *FA*, (porque de *DO* a *FA* hay una 4ᵗᵃ de distancia; cuenta *DO, RE, MI, FA*) después de *FA* sigue *SI♭* (es bemol porque tiene que ser una 4ᵗᵃ justa siempre) y de *FA* a *SI♭* es una cuarta justa, (enseguidita te explico los intervalos) y de *SI♭* sigue *MI♭*, y luego *LA♭* y así sucesivamente. ¡Fíjate bien en el círculo!

⑤ INTERVALOS (LA DISTANCIA QUE HAY ENTRE DOS SONIDOS)

Los intervalos son una parte de la música muy importante. Si los entiendes bien, no se te va a hacer difícil más tarde entender muchas cosas de la música; por eso le vamos a dedicar mucha atención a los *intervalos*.

La *escala diatónica* se le llama a una sucesión de sonidos en grados conjuntos. Por ejemplo la escala de *DO mayor*.

Grados conjuntos o notas seguiditas una tras otra.

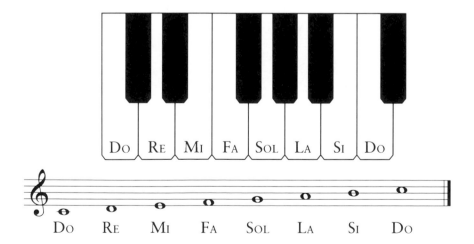

⭐ TONO Y SEMITONO

La distancia más grande se llama *tono*, la distancia más chica se llama *semitono* (o medio tono)

Fíjate en esta escala y el orden de los tonos y medios tonos que hay de una nota a otra. Esta escala es una escala *mayor* y todas las escalas mayores tienen el mismo orden de intervalos y en la misma posición. En medio de *MI* y *FA* hay ½ tono de distancia (No hay nota negra entre ellas en el piano) y en medio de *SI* y *DO* también hay ½ tono de distancia.

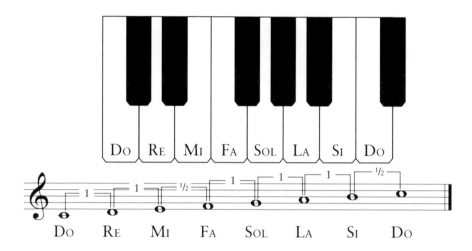

⭐ SEMITONO DIATÓNICO Y SEMITONO CROMÁTICO

En medio del *DO* y del *RE*, hay otra nota. La distancia de *DO* a *DO♯*, es un semitono, o medio tono, y la distancia de *DO* a *RE♭* también es un semitono, pero tiene diferente características. Fíjate en este ejemplo.

La distancia que hay no es la misma, el medio tono que es más chico se llama: *semitono diatónico*. Este semitono lo puedes distinguir porque está entre dos notas de nombres diferentes, estos son algunos ejemplos de *semitonos diatónicos*.

El *semitono cromático* es el medio tono más grande y es el que se encuentra entre dos notas del mismo nombre, fíjate en estos ejemplos.

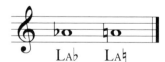

Un tono siempre tiene 2 semitonos, o dos medios tonos; un semitono cromático y un semitono diatónico. Fíjate en este ejemplo y ve como dependiendo de si es bemol o sostenido el semitono cromático está antes o después.

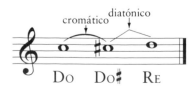

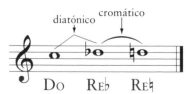

Como Se Miden Los Intervalos

La distancia que hay entre una nota y otra nota se puede medir, por ejemplo de *Do* a *Fa*, hay una cuarta y de *Do* a *La* hay una sexta. Fíjate en estos dibujos y lo vas a entender. Siempre se mide del sonido grave al sonido agudo, o sea de abajo para arriba. Cuando te digo que de *Do* a *Fa* hay una cuarta, es que cuentas así: *Do-Re-Mi-Fa*, hay 4 notas. Porque si contaras para atrás o para abajo sería: *Do-Si-La-Sol-Fa,* entonces sería una 5ª, porque hay 5 notas, en este caso se diría de *Fa* a *Do*, entonces sí hay 5 notas: *Fa-Sol-La-Si-Do*.

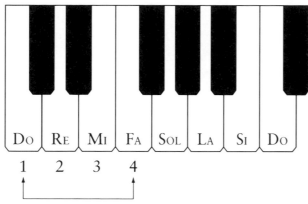

De Do a Fa, hay 4 notas de distancia:
Do-Re-Mi-Fa, por eso es una 4ta.

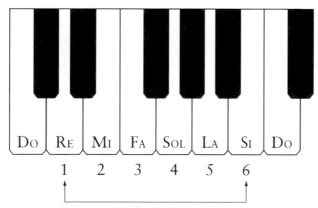

De Re a Si, hay 6 notas de distancia:
Re-Mi-Fa-Sol-La-Si, por eso es una 6ta.

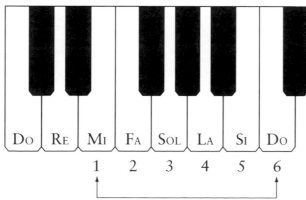

De Mi a Do, hay 6 notas de distancia:
Mi-Fa-Sol-La-Si-Do, por eso es una 6ta.

De *Re* a *Si* hay una 6ta, y de *Mi* a *Do* también hay una 6ta. Sin embargo, una se oye diferente a la otra. Recuerda que al medir un intervalo contamos *todos los sonidos intermedios.* Por eso de *Re* a *Si* (contando *todos* los sonidos o notas) hay 10, incluyendo el *Re* a *Si*.

RE RE♯ MI FA FA♯ SOL SOL♯ LA LA♯ SI

Y la distancia que hay de *Mi* a *Do,* (contando *todas* las notas) hay 9 notas o 9 sonidos diferentes incluyendo el *Mi* y el *Do*.

MI FA FA♯ SOL SOL♯ LA LA♯ SI DO

¿Te das cuenta cómo se cuentan los *intervalos*? El que tiene 10 notas es 6ta mayor, porque es más grande. El que tiene 9 notas es 6ta menor, porque es más chico. Con estas reglas es cómo se miden los intervalos.

6ta mayor

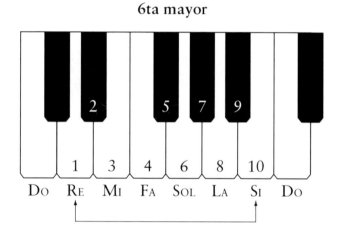

6ta menor

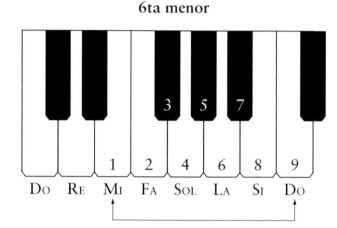

A continuación te explico cómo se escuchan, como se reconocen y como se miden cada uno de los intervalos que hay en la música. Si los estudias bien, y sobre todo aprendes a distinguirlos por oído, vas a poder tocar cualquier canción que escuches en el radio.

⑧ UNÍSONO

Se dice *unísono* cuando es el mismo sonido. La palabra *unísono* viene del latín, *uni* que quiere decir *uno* y *sono*, que significa *sonido;* o sea *un solo sonido*. Aquí están varias formas de escribirse el *unísono*. Por lo general se escriben 2 notas, aunque sea el mismo sonido, porque se cantan o se tocan con 2 voces o dos instrumentos.

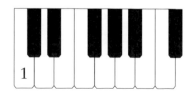

Estos son varios ejemplos de como se escribe un *unísono*. Por ejemplo de *Do* al mismo *Do*, de *Mi♭* al mismo *Mi♭* o de *Do* al mismo *Do*, de *Fa* a *Fa,* etc. El ritmo no importa, pueden ser notas redondas, blancas, negras o corcheas, lo importante es la distancia entre las notas. Escucha el CD para que sepas como se oye el *unísono*.

⑨ SEGUNDA MENOR

Los intervalos tienen varias clasificaciones, entre ellas hay intervalos *diatónicos* y *cromáticos*, que ya los vimos en la página 14. También se distinguen por intervalos *melódicos* y *armónicos* que vamos a ver más adelante. Existen también intervalos *consonantes* y *disonantes*, que los voy a ir explicando de uno en uno al irlos estudiando. Poco a poco vas a ir entendiendo en qué consiste cada uno y cómo se usan.

El intervalos de segunda menor es *disonante*, quiere decir que se escucha un sonido como *feíto*, no quiere decir que sea feo, pero es una forma de describirlo. El sonido es como el gusto. Si alguien te pregunta a que sabe la sandía, la única forma de saberlo es probándola. Así también el sonido sólo escuchándolo sabes como se oye. Escucha bien el CD y vas a oír lo que quiero decir con *feíto*. Lo importante de los intervalos es que los oigas y los distingas para que después al oír una canción en el radio, puedas saber qué es lo que están tocando, así es como vas a poder *oír* mejor la música.

Éstos son algunos ejemplos de segunda menor. De *Do* a *Re♭* (*semitono diatónico*, porque hay ½ tono de distancia y las 2 notas son de diferente nombre. También es intervalo *disonante,* por el sonido que produce. (Disonante significa que no suena bien.) De *Sol* a *Sol♯*. (Este intervalo es semitono cromático. También hay medio tono de distancia, pero las dos notas tienen el mismo nombre, repasa la página 15 para que te acuerdes.) De *La* a *Si♭*. Por supuesto que hay muchos más. En el dibujo del piano sólo te pongo uno para que te des una idea, Si de veras quieres aprender armonía, ve tocando y reconociendo de uno en uno y usa el piano de referencia así como un cuaderno pautado para hacer varios ejercicios. Recuerda escuchar el CD.

10 SEGUNDA MAYOR

Este intervalo es importante y lo vas a usar mucho. Se ve muy parecido al anterior pero cambia el sonido porque hay 3 notas involucradas. Trata de tocarlo en el teclado y escúchalo en el CD. Te pongo sólo algunos ejemplos, pero lo mejor es que practiques por tu cuenta y trates de oír la música que te gusta e identificar los intervalos, además mira la música escrita y trata de reconocer a simple vista cuando hay un intervalo de segunda, ya sea menor o mayor. Este intervalo también es *disonante*, por el sonido que produce. Las primeras notas de la canción de *"Happy Birthday"*, es una segunda mayor. En este intervalo ya hay 3 notas de distancia o un tono completo.

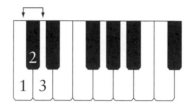

Aquí te pongo algunos ejemplos de segunda mayor cuando hay 3 notas de distancia, por ejemplo de *DO* a *RE*, de *MI* a *FA♯*, de *SOL♭* a *LA♭*, de *SI♭* a *DO*, de *SI* a *DO♯* etc.

11 TERCERA MENOR

Este intervalo es *consonante* y uno de los más populares. Se oye un poco *triste* pero bonito. En muchas canciones sobre todo de mariachi o requinteos se usa mucho. Para hacer este intervalo cuenta 4 notas. Hay escalas con puros intervalos de tercera menor y se oyen muy bonito. En la música popular se usa mucho y lo vas a reconocer muy fácilmente. Hay una canción de Brahms un compositor clásico de hace muchos años que tiene una canción muy famosa con este intervalo, la usan en caricaturas o dibujos animados cuando alguien se va a dormir. Escucha el CD y lo vas a reconocer. Este intervalo es uno de los favoritos de muchos compositores.

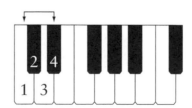

Te pongo algunos ejemplos de este intervalo, recuerda que si hay 4 notas, es una tercera menor, por ejemplo de *DO* a *MI♭*, de *LA* a *DO*, de *SOL* a *SI♭*, de *FA♯* a *LA*, de *RE* a *FA*, etc. Además tiene una característica al escribirlo en el pentagrama. Fíjate cómo se ve escrito, de una línea a otra línea, o de un espacio a otro espacio, siempre lo vas a ver así.

Importante: Al contar los intervalos o leer la música se lee de abajo para arriba, y de izquierda a derecha. Si decimos que de *LA* a *DO* hay 4 notas de distancia, es porque se cuenta siempre en el orden que debe de ser las notas, el orden que está en la página 6; o sea, *LA, LA♯, SI, DO* por eso hay 4 notas de distancia, no es lo mismo de *LA* a *DO*, que de *DO* a *LA*, porque al decir de *DO* a *LA*, en lugar de contar para atrás, (*DO, SI, LA♯, LA*), se contaría así: *DO, DO♯, RE, RE♯, MI, FA, FA♯, SOL, SOL♯, LA*. Te das cuenta cómo cambia la música. Por eso siempre tienes que decir la distancia de un intervalo a otro de la forma correcta, de abajo para arriba. La nota más baja de sonido se dice primero y luego la más alta de sonido.

🕛 TERCERA MAYOR

Probablemente uno de los intervalos mas comúnes y más usados de todos. Este intervalo junto con el de 3ª menor se usan casi para todo, para sacar la segunda voz de una melodía cantada, para *requintear*, para hacer adornos, para armonizar, para casi todo. Este intervalo también es *consonante*. Escúchalo y te darás cuenta que se oye muy parecido a mucha de la música que oyes a diario. El principio de la marcha nupcial, tiene este intervalo, así como muchas otras canciones. Fíjate en el pentagrama y vas a notar como se escribe, línea con línea y espacio con espacio.

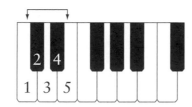

Este intervalo tiene 5 notas: de *DO* a *MI*, de *FA* a *LA*, de *RE* a *FA♯*, de *MI♭* a *SOL*, de *SI♭* a *RE*, etc.

Escucha el CD varias veces. Es muy importante que al mismo tiempo que estás estudiando armonía, estudies también solfeo y piano porque todos ellos se complementan. Al estudiar el intervalo de 3ª, sería bueno tocar algunas canciones en el piano que tengan este intervalo. Si te gusta cantar, pues hay que practicar con la voz el salto de 3ª mayor. Estas recomendaciones son para todos los intervalos, cantar es muy importante en la música.

13 CUARTA JUSTA

Probablemente casi todos los que lean este libro habrán escuchado la canción de *Las mañanitas*. Pues la canción comienza así *És-tas son...*, las primeras dos notas (*És-tas*) es la misma nota, pero el brinco que hace de (*-tas* a *son*) es una 4ᵗᵃ justa. Es un intervalo muy común y se usa para comenzar una canción o terminarla. Este intervalo es muy popular y es un intervalo *consonante*. De una nota a la otra hay 6 notas de distancia.

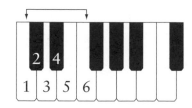

Estos son algunos ejemplos del intervalo de cuarta justa. De *Do* a *Fa*, de *Mi* a *La*, de *Re♭* a *Sol♭*, de *Fa* a *Si♭*, *etc.*

Recuerda que un intervalo puede ser *consonante* o *disonante*, *armónico* o *melódico*, *cromático* o *diatónico*. Te recomiendo hacerte un examen a ti mismo escuchando los intervalos anteriores y tratando de distinguir si el intervalo es *unísono*, de *2ᵈᵃ mayor* o *menor*, de *3ʳᵃ mayor* o *menor* o *4ᵗᵃ justa*. Toca varios intervalos en el piano del *unísono* a la *4ᵗᵃ justa* y trata de distinguir cuál es cuál. Puedes pedirle a un amigo que toque algunos intervalos para que tú los distingas de oído. Todo esto te ayudará a educar tu oído musical, porque el oído es la herramienta principal de un buen músico.

14 CUARTA AUMENTADA/QUINTA DISMINUIDA

Este intervalo no es muy común así solo o para canciones. Se usa en acordes o en armonía completa. Es un intervalo *consonante*, pero no es muy común usarlo para una melodía. La 4ᵗᵃ aumentada se escucha igual que la 5ᵗᵃ disminuida, pero dependiendo de las notas que tenga el intervalo es cómo se debe decir.

Por ejemplo: de *Do* a *Fa♯*, es una 4ᵗᵃ aumentada (de *Do* a *Fa* es una 4ᵗᵃ justa y si el *Fa* lo subes medio tono, entonces el intervalo de 4ᵗᵃ lo estás haciendo más grande, por eso es 4ᵗᵃ aumentada).

De *Do* a *Sol♭* es una 5ᵗᵃ disminuida (de *Do* a *Sol* es una 5ᵗᵃ justa y si el *Sol* lo bajas medio tono, entonces el intervalo de 5ᵗᵃ lo estás haciendo más chico, por eso es 5ᵗᵃ disminuida).

Usa la lógica y lo vas a entender mejor. Fíjate en esto, si de *Do* a *Fa* es una 4ᵗᵃ justa y el *Fa* lo subes medio tono, el intervalo se hace más grande, pero también se puede hacer más grande si bajas el *Do* medio tono, o sea de *Do♭* a *Fa* también es una 4ᵗᵃ aumentada. Seguro que ya lo entiendes.

Lo mismo pasa en la 5ᵗᵃ disminuida, de *DO♯* a *SOL* es una 5ᵗᵃ disminuida.

Fíjate que para ser 4ᵗᵃ, tiene que haber 4 nombres de notas seguidos (*DO-RE-MI-FA*) y para que sea 5ᵗᵃ debe de haber 5 nombres de notas (*DO-RE-MI-FA-SOL*), recuerda que el nombre que lleve lo toma de acuerdo al tamaño de los intervalos.

4ᵗᵃ aumentada
De *DO* a *FA♯*, de *SOL* a *DO♯*, de *MI♭* a *LA*
De *RE* a *SOL♯*, de *SI♭* a *MI*, etc.

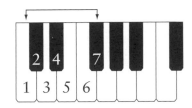

5ᵗᵃ disminuida
De *DO* a *SOL♭*, de *SOL* a *RE♭*, de *MI* a *SI♭*
De *RE* a *LA♭*, de *RE♯* a *LA*, etc.

15 QUINTA JUSTA

Si tocas varios intervalos de estos seguidos, se oye como alguna música tradicional de China. Es un intervalo muy popular, pero se debe de usar con cuidado porque tiene un sonido muy *fuerte*, quiere decir que es un intervalo determinante y afecta fácilmente el carácter de la música. Tiene que haber 8 notas de distancia de una nota a otra en este intervalo. Es un intervalo muy común y también es un intervalo *consonante*.

La inversión de un intervalo también la debes conocer. Por ejemplo el intervalo de 5ᵗᵃ justa, al invertirlo se hace 4ᵗᵃ justa. Por ejemplo de *DO* a *SOL* es una 5ᵗᵃ justa, pero de *SOL* a *DO* es una 4ᵗᵃ justa. Otro ejemplo es de *MI♭* a *SI♭* que es una 5ᵗᵃ justa y al invertir las notas de *SI♭* a *MI♭* se hace una 4ᵗᵃ justa.

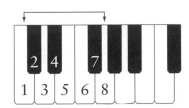

Una 5ᵗᵃ justa tiene 8 notas. Fíjate cómo se escribe en el pentagrama. Hay una línea en medio de las 2 notas o hay un espacio. Compáralo con el intervalo de 3ʳᵃ y a simple vista vas a darte cuenta que se ve más grande la distancia. Lógicamente cuanto más grande sea el intervalo, más grande se debe de ver la distancia entre una nota y la otra al escribir el intervalo en el pentagrama. Estos son algunos ejemplos: de *DO* a *SOL*, de *MI♭* a *SI♭*, de *SI* a *FA♯*, de *RE* a *LA*, de *SOL* a *RE*, etc.

16 SEXTA MENOR

Este intervalo es como el de 3ᵃ menor, que es un intervalo *consonante*, o sea que también se escucha muy bonito y se usa mucho. Se usa también para hacer segunda voz y acompañar melodías o hacer *requintos*. Tiene 9 notas. Una cosa importante es que este intervalo es al contrario del intervalo de 3ᵃ. Por ejemplo de *DO* a *MI* es una tercera, pero de *MI* a *DO* es una sexta. De *FA* a *LA* es una 3ᵃ y de *LA* a *FA* es una 6ᵗᵃ. Depende la cantidad de notas que haya entonces es 3ᵃ mayor o menor, 6ᵗᵃ mayor o menor, pero siempre una es el contrario de la otra. La canción *"Love Story"* ("Historia de amor"), tiene este intervalo al empezar la canción.

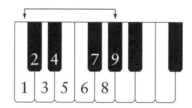

Fíjate cómo se ve escrito en el pentagrama; salta de espacio a línea o de línea a espacio. Compáralo con el intervalo de 4ᵗᵃ, es una 6ᵗᵃ menor, por ejemplo de *DO* a *LA♭*, de *MI* a *DO*, de *FA* a *RE♭*, etc.

Te recomiendo mucho estudiar los intervalos uno por uno y oírlos en el CD una y otra vez para que los reconozcas de oído. No trates de aprendértelos todos al mismo tiempo. Aprender y *oír* bien los intervalos lleva práctica. Regresa ahora al intervalo de 2ᵈᵃ menor y repasa todos otra vez. Después continúas con el siguiente intervalo.

17 SEXTA MAYOR

Continuamos con este intervalo que también es un intervalo *consonante* y muy popular. Se usa mucho y en muchas canciones se utiliza al comienzo de la melodía. Tiene 10 notas de distancia. La canción *"My Way"* ("A mi manera") comienza con este intervalo. Hay muchas otras canciones que también usan ese intervalo. Recuerda que todos los intervalos se pueden invertir. Cuando termine de explicarte, cada uno de ellos voy a hacer una tabla de todos juntos, pero por lo pronto te digo las inversiones de este en particular.

Los intervalos de 6ᵗᵃ mayor, al invertirlos se hacen 3ᵃ menor.

Los intervalos de 3ᵃ mayor, al invertirlos se hacen 6ᵗᵃ menor.

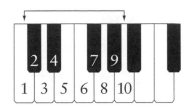

Fíjate que se escribe igual que el de 6ᵗᵃ menor en el pentagrama, o sea, dejando 2 espacios y dos líneas en medio de las notas. También funciona al contrario de las terceras. Éstos son algunos ejemplos de 6ᵗᵃ mayor. De *Do* a *La*, de *Fa* a *Re*, de *Mi♭* a *Do*, de *Fa♯* a *Re♯*, de *Re* a *Si*, etc. y muchos más. Usa un cuaderno pautado y escribe varios intervalos para que los aprendas bien. No se te olvide escucharlos en el CD y tocarlos en el instrumento que estudies.

18 SEPTIMA MENOR

Este intervalo va a ser la clave para determinar los acordes de *séptima*, más adelante lo vas a entender mejor. El intervalo de 7ᵐᵃ menor tiene un sonido muy particular para ser identificado. Este intervalo es *disonante* escúchalo bien y apréndete cómo se oye. Tiene 11 notas de medida y es un intervalo tan importante como todos los demás.

Los intervalos de 2ᵈᵃ mayor se hacen 7ᵐᵃ menor.

Los intervalos de 7ᵐᵃ mayor se hacen 2ᵈᵃ menor.

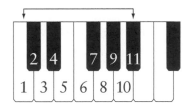

Éstos son algunos ejemplos de 7ᵐᵃ menor, de *Do* a *Si♭*, de *Re* a *Do*, de *La♭* a *Sol♭*, de *Sol* a *Fa*, etc.

Ya casi estamos acabando de estudiar los intervalos, sólo faltan dos más, aunque parezca mucho, te aseguro que no lo es. Recuerda que los intervalos son la base de la armonía.

19 SEPTIMA MAYOR

Éste también es un intervalo muy importante en los acordes de *séptima* que vamos a ver más adelante. Se oye muy peculiar y tiene un sonido muy característico. Es un intervalo *disonante*. La distancia es de 12 notas, o sea que es los doce sonidos que hay en la música. Con este intervalo se usan todos los 12 sonidos de la música, pero hay uno más que se repite la nota con la que empiezas. Fíjate cómo se escribe este intervalo en el pentagrama, y te vas a dar cuenta que hay mucha distancia entre las dos notas.

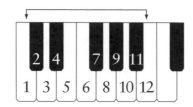

Estos son alguno ejemplos de 7ma mayor de *Do* a *Si,* de *Mi* a *Re♯,* de *Fa* a *Mi,* de *Re* a *Do♯,* etc. ¡Ves qué fácil es aprenderse los intervalos! ¡Sólo te falta uno más, la octava justa!

20 OCTAVA JUSTA

Éste es el ultimo intervalo que vamos a ver en este libro. Luego están los intervalos compuestos, por ejemplo de *Do* central hasta el *Re* que está después del *Do* agudo, o sea nueve notas (*Do, Re, Mi, Fa, Sol, La, Si, Do, Re*), o 15 medios tonos. Como tiene nueve notas se les llama intervalo de novena. Al final del libro, después de estudiar los acordes y toda la armonía casi seguro lo vas a entender. Por lo pronto apréndete este intervalo de octava, o sea 8 notas o 13 medios tonos.

El unísono siempre se convierte en octava al invertir el intervalo. Este intervalo es consonante.

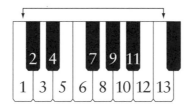

Fíjate cómo se escribe este intervalo, hay una octava de distancia: de *Do* a *Do,* de *Sol* a *Sol,* de *Fa♯* a *Fa♯,* etc.

Con este intervalo terminamos el estudio de los intervalos. Te recomiendo repasarlos uno por uno todos otra vez y escucharlos en el CD varias veces. También puedes pedirle a alguien que te toque varios intervalos diferentes mientras tú tratas de identificarlos por oído. Si lo haces así, vas a ver el provecho que le vas a sacar a este libro.

MAS SOBRE INTERVALOS DE 4ᵀᴬ Y 5ᵀᴬ

Justa, Disminuida y Aumentada

Imagínate que la cuarta justa es de *Do* a *Fa* , ahora si el *Fa* lo bajas medio tono, entonces la cuarta se hace más chica, o sea la estas *disminuyendo*. Por esa razón es 4ᵗᵃ disminuida, de *Do* a *Fa♭*, (no de *Do* a *Mi*), aunque se oye igual se tiene que escribir de *Do* a *Fa♭* porque de *Do* a *Mi* es una tercera mayor, ¿te das cuenta? La 4ᵗᵃ aumentada se hace *aumentando* la distancia del intervalo, haciendo el *Fa* sostenido, o sea de *Do* a *Fa♯*. (Si lo entiendes bien, entonces usa la lógica y una 4ᵗᵃ aumentada también puede ser de *Do♭* a *Fa*. Porque de *Do* a *Fa* es una 4ᵗᵃ justa, entonces al hacer el *Do* medio tono más abajo: *Do♭*), entonces estas *aumentando* la distancia. ¿Entiendes la lógica de todo esto? Estudia, practica y lo entenderás.

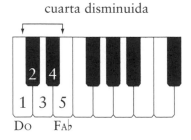

cuarta disminuida

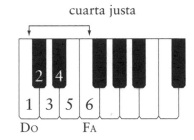

cuarta justa

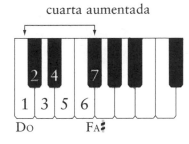

cuarta aumentada

De la misma manera que hicimos la 4ᵗᵃ mayor o aumentado, si lo haces más chico es menor o disminuido. La 5ᵗᵃ justa es de *Do* a *Sol,* si lo disminuyes a *Sol♭*, entonces es 5ᵗᵃ disminuida, se oye igual que la 4ᵗᵃ aumentada, pero se escribe diferente. La 5ᵗᵃ aumentada se escribe de *Do* a *Sol♯* se oye igual que la 6ᵗᵃ menor, pero si es quinta es de *Do* a *Sol♯*. Estos ejemplos son usando el *Do* como nota inicial, pero mientras tengan la distancia que debe ser, se puede hacer los intervalos empezando en cualquier otra nota.

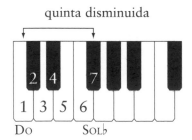

quinta disminuida

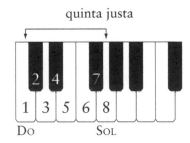

quinta justa

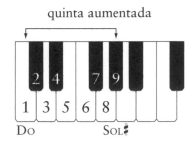

quinta aumentada

TABLA COMPLETA DE LOS INTERVALOS

Aquí te muestro esta tabla para resumir todo lo que estudiamos sobre los intervalos. Después de oírlos y estudiarlos por separado, esta tabla te sirve como recordatorio o como guía de consulta, para que si tienes una duda con sólo ver esta tabla la puedas resolver.

El *unísono* tiene un sólo sonido. No se considera como intervalo, por eso no es consonante ni disonante, al invertirlo se convierte en *octava justa*, que sí es un intervalo consonante y tiene 13 notas de distancia.

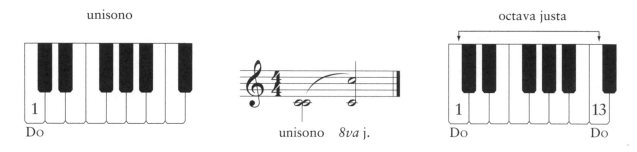

La segunda menor es un intervalo disonante y tiene 2 notas de distancia, al invertirlo se convierte en séptima mayor que es un intervalo disonante y tiene 12 notas de distancia.

La segunda mayor es un intervalo disonante y tiene 3 notas de distancia, al invertirlo se convierte en séptima menor que es un intervalo disonante y tiene 11 notas de distancia.

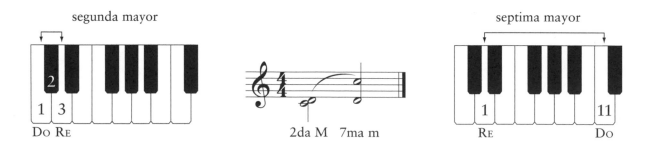

La tercera menor es un intervalo consonante y tiene 4 notas de distancia, al invertirlo se convierte en sexta mayor que es un intervalo consonante y tiene 10 notas de distancia.

La tercera mayor es un intervalo consonante y tiene 5 notas de distancia, al invertirlo se convierte en sexta menor que es un intervalo consonante y tiene 9 notas de distancia.

La cuarta justa es un intervalo consonante y tiene 6 notas de distancia, al invertirlo se convierte en quinta justa que es un intervalo consonante también y tiene 8 notas de distancia.

La cuarta aumentada es un intervalo consonante y tiene 7 notas de distancia, al invertirlo se convierte en quinta disminuida que es un intervalo consonante y también tiene 7 notas de distancia, por eso se escuchan igual.

La quinta justa es un intervalo consonante y tiene 8 notas de distancia, al invertirlo se convierte en cuarta justa que es un intervalo consonante también y tiene 6 notas de distancia.

La sexta menor es un intervalo consonante y tiene 9 notas de distancia, al invertirlo se convierte en tercera mayor que es un intervalo consonante también y tiene 5 notas de distancia.

La sexta mayor es un intervalo consonante y tiene 10 notas de distancia, al invertirlo se convierte en tercera menor que es un intervalo consonante también y tiene 4 notas de distancia.

La séptima menor es un intervalo disonante y tiene 11 notas de distancia, al invertirlo se convierte en segunda mayor que es un intervalo disonante también y tiene 3 notas de distancia.

La séptima mayor es un intervalo disonante y tiene 12 notas de distancia, al invertirlo se convierte en segunda menor que es un intervalo disonante también y tiene 2 notas de distancia.

La octava justa es un intervalo consonante y tiene 13 notas de distancia, al invertirlo se convierte en unísono.

21 ESCALA MAYOR

La tonalidad es el lenguaje musical sobre el cual está basada gran parte de la música occidental. Esta formado básicamente por doce tonos que se combinan en infinidad de posibilidades y por una serie de reglas.

La escala mayor es la célula principal de este lenguaje musical y la base de todas las otras escalas, por eso es fundamental conocer muy bien la *escala mayor*.

Si vemos la misma escala de *Do mayor*, pero las notas no están en orden consecutivo, entonces ese conjunto de notas están en la *tonalidad* de *Do mayor*. Si te fijas te darás cuenta que no es una escala, son varios intervalos melódicos, uno y luego otro y otro, todas esas notas están en la *tonalidad* de *Do mayor* o en el tono de *Do* mayor. Recuerda: si las notas no están en orden, entonces no es una escala. Fíjate bien y te darás cuenta que son las mismas notas de la escala, pero en desorden.

Aquí es donde vamos a usar lo intervalos. Fíjate bien. La distancia que hay de *Do* a *Re* que son de 3 notas, se le llama 1 tono o 2ᵈᵃ Mayor y es la misma distancia que hay de *Re* a *Mi*: 1 tono. Como puedes ver, de *Mi* a *Fa* sólo hay ½ tono, porque sólo tiene 2 notas. Se trata por lo tanto de un a 2ᵈᵃ menor. Aquí te pongo la forma de hacer la escala mayor basándonos en esa regla, una de las más usadas en la música popular. Todas las escalas mayores tienen la misma distancia y la misma medida, y por supuesto, se escuchan exactamente igual.

Regla Para Formar La Escala Mayor

De *Do* a *Re* hay 1 tono de distancia
De *Re* a *Mi* hay 1 tono de distancia
De *Mi* a *Fa* hay ½ tono de distancia
De *Fa* a *Sol* hay 1 tono de distancia
De *Sol* a *La* hay 1 tono de distancia
De *La* a *Si* hay 1 tono de distancia
De *Si* a *Do* hay ½ tono de distancia

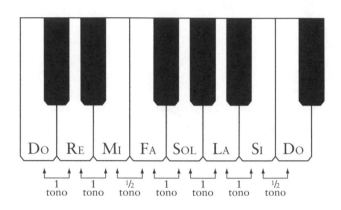

Fíjate que de *Mi* a *Fa* y de *Si* a *Do* sólo hay ½ tono.

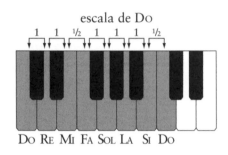
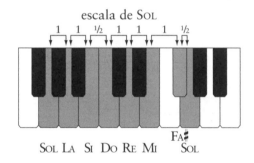
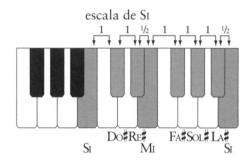

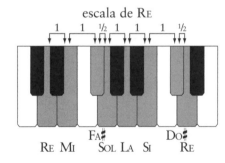
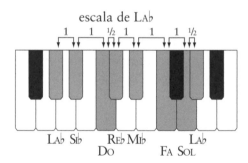

Estas son varias escalas *mayores*, no importa cómo sea la escala o en qué nota empieza, siempre tiene que seguir la misma regla de 1-1-½-1-1-1-½ y con eso las notas salen solas. Si analizas cada una de estas escalas te vas a dar cuenta que tienen la misma secuencia, por lo tanto, **todas las escalas mayores son iguales**. Si de verdad quieres aprender *armonía* debes de conocer muy bien *todas* las escalas mayores. Te recomiendo que en el teclado veas y practiques *todas* las escalas mayores.

ESCALAS MAYORES Y ARMADURAS

Aquí tienes *todas* las escalas mayores. Las pongo para que te las aprendas y las practiques. Las escribo *nota por nota*, para que sepas exactamente como es la escala. Algunas notas tienen una ✕, que significa (doble sostenido) Por ejemplo, la escala de *RE♯*, tiene la nota de *SOL*, pero se tiene que escribir *FA✕*, para que quede el orden correcto de las notas.

Otra cosa es que algunas escalas tienen muchos sostenidos o bemoles en las notas. Si la música se escribiera con todos esos bemoles y sostenidos, sería muy difícil de leer. Por esa razón se inventaron las *armaduras*, que se ponen al principio de la escritura y te dicen cuáles notas son sostenidos o bemoles, para no tener que ponerle la alteración a cada una de las notas. De aquí en adelante vas a ver la música escrita como debe ser con la armadura, así que apréndetelas.

El orden de los *sostenidos* (♯) en las armaduras es: *FA♯-DO♯-SOL♯-RE♯-LA♯-MI♯-SI♯*. Hay una regla para conocer mejor las armaduras. En los sostenidos es ½ *tono arriba del último sostenido*. Si la *armadura* tiene 3 sostenidos, entonces el primero siempre será *FA♯*, luego *DO♯* y por último *SOL♯*, es la última nota de la armadura. Como puedes ver, ½ tono arriba de *SOL♯* es *LA*, entonces con 3 sostenidos, el tono es *LA*. Fíjate y estoy seguro que lo entenderás bien.

En los bemoles el orden es al reves *SI♭-MI♭-LA♭-RE♭-SOL♭-DO♭-FA♭*, y la regla es *el penúltimo bemol es el tono*. Por lo tanto, si la armadura tiene 5 bemoles, *SI♭-MI♭-LA♭-RE♭-SOL♭*, el penúltimo es *RE♭*, entonces la canción esta en el tono de *RE♭*. ¡Ves qué fácil! Claro que tienes que estudiar y memorizarte las armaduras muy bien. Éstas son las escalas y sus armaduras.

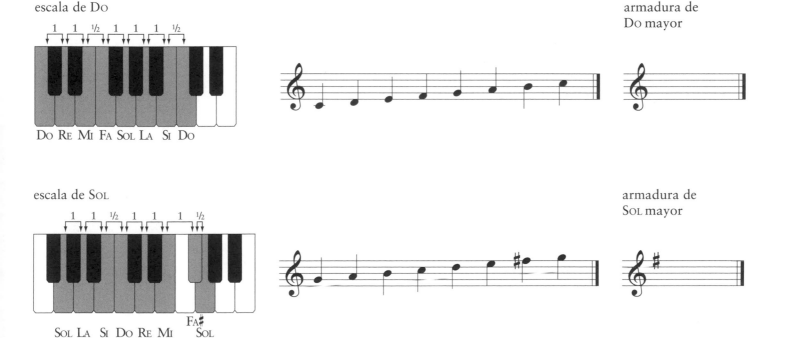

escala de Do
DO RE MI FA SOL LA SI DO

armadura de
Do mayor

escala de SOL
SOL LA SI DO RE MI FA♯ SOL

armadura de
SOL mayor

escala de RE

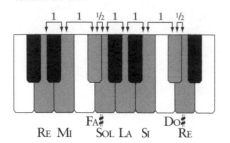

armadura de
RE mayor

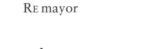

escala de LA

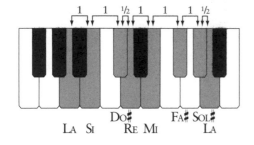

armadura de
LA mayor

escala de MI

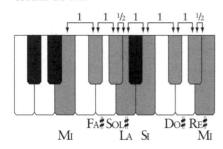

armadura de
MI mayor

escala de SI

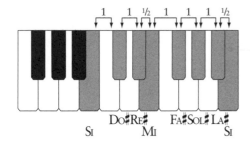

armadura de
SI mayor

escala de FA#

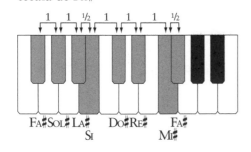

armadura de
FA# mayor

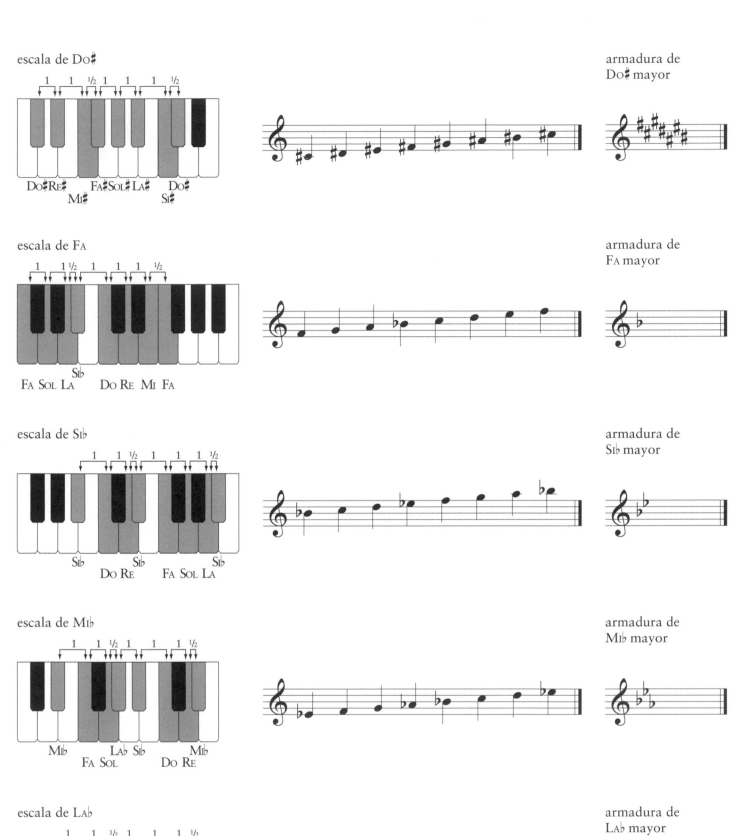

escala de Re♭

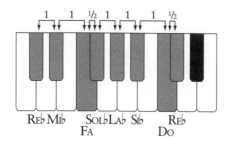

escala de Sol♭

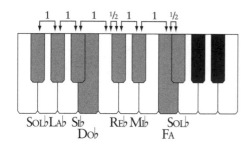

armadura de
Sol♭ mayor

escala de Do♭

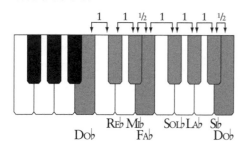

armadura de
Do♭ mayor

GRADOS Y NUMEROS ROMANOS

Tomando en cuenta la *escala de Do mayor*, vamos a saber como se forman los *acordes mayores*, los *acordes menores* y los *acordes disminuidos*. El mismo ejemplo se hace en cualquiera de las escalas y así sabemos como se hacen todos estos acordes. Todo lo que estas aprendiendo aquí son las herramientas de trabajo, más adelante vamos a poner en práctica todo esto. Un acorde son 3 notas o mas de tres notas diferentes, tocadas al mismo tiempo. Primero se escribe la escala de *Do mayor* y encima de cada una de las notas de la escala, se escriben otras 2 notas, usando la *línea* con *línea* o *espacio* con *espacio*, formando así, *un acorde*. Por ejemplo encima de *Do* está la primera línea *Mi* y encima en la segunda línea está el *Sol*, con las tres notas *Do-Mi-Sol* formas el acorde de *Do mayor*.

Usando 3 notas *Re-Fa-La*, formas el acorde de *Re menor*.

Con 3 notas *Mi-Sol-Si*, formas el acorde de *Mi* menor.
Si usas estas tres notas *Fa-La-Do*, formas el acorde de *Fa mayor*.

Con estas 3 *Sol-Si-Re*, formas el acorde de *Sol mayor*.

Usando *La-Do-Mi*, formas el acorde de *La menor*.

Y por último, con estas 3 notas *Si-Re-Fa* formas el acorde de *Si disminuido*.

Estos son los acordes que se forman en la escala de *Do mayor*.

Como los acordes no tienen las mismas notas, cada uno se escucha diferente. Para distinguir los acordes se les pone un número, por tradición se usan los números romanos:

22 ACORDES

Un acorde es: 3 notas, o más de 3 notas, diferente, tocadas al mismo tiempo.

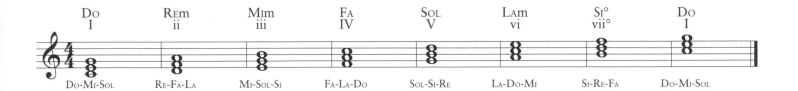

Nota importante: En todos los años que he enseñado música, me he dado cuenta que, la única forma de entender algo es estudiando y repasandolo una y otra vez. Por eso, los alumnos que no leen bien, o que no les gusta leer, son los que mas problemas tienen para aprender. *Lee mucho*, y lee *todo* varias veces, hasta que comprendas perfectamente bien lo que estás leyendo. Lee frase por frase y has pausas al leer, para que entiendas bien. Aunque parezca obvio para algunos, pongo esta nota, porque este libro está hecho para que todas las personas lo puedan entender, aunque algunos tengan más practica leyendo que otros.

23 DEMOSTRACIÓN DE UN ARREGLO

Aquí tienes un arreglo para demostrarte como se forman los acordes. Primero hacemos una melodía o sea una nota y luego otra y otra, una sucesión de intervalos melódicos. En esta pequeña canción, vas a oír la diferencia de *melodía*, una sola nota a la vez. Después cómo se oye con *intervalos*, o sea, dos notas al mismo tiempo, y luego cómo se escucha con *acordes*, tres o más notas al mismo tiempo, y luego con mas *instrumentos* además del piano. Cada vez se escucha más llena la música, más completa. Para eso sirve la armonía. Fíjate como cada vez se va escuchando diferente, escúchalo varias veces en el CD.

Esto ya es instrumentación, o lo que es lo mismo *arreglos*. Ves que fácil es hacer música.

NOMBRE DE LOS ACORDES EN INGLÉS

Para facilitar la escritura de los acordes, te voy a poner sus nombres en inglés. La mayoría de libros que vas a estudiar después, incluso en español, escriben los acordes en inglés, o sea con letras en lugar de el nombre de la nota. Es muy común, así es que apréndete los nombres de los acordes en inglés. Es muy fácil sólo son 7 letras:

Do = C, *Rem* = Dm (*Re menor*), *Mim* = Em, *Fa* = F, *Sol* = G, *Lam* = Am, *Si°* = B° (*Si disminuido*)

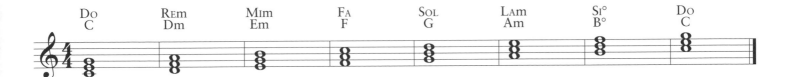

NOMBRE DE LOS GRADOS

Si te aprendes bien esto, te va a servir muchísimo cuando quieras sacar una canción por oído, porque en realidad, la mayoría de la música está basada en este sistema. Más adelante te vas a dar cuenta, lo fácil que es entender y oír la música.

C|

B°|vii°, el septimo grado *sepitma de sensible*. Si disminuido.

Am|vi, el sexto grado es la *sobre dominante*. Que es: La menor.

G|V, el quinto grado es la *dominante*. En la escala de Do es: Sol mayor.

F|IV, el cuarto grado es la *sub-dominante*. En la escala de Do es: Fa mayor.

Em|iii, el tercer grado es la *mediante*. En la escala de Do es: Mi menor.

|Lo mismo en medio del Re y del Mi, pero en medio de Mi y Fa, no hay nada

Dm|ii, el segundo grado es la *sobre tónica*. En la escala de Do es: Re menor.

|Fijate que en medio del Do y del Re hay un escalon, que es la tecla negra del piano.

C|I, el primer grado se le llama *tonica*, en ingles es *root* o *raiz*. En la escala de Do es: Do mayor.

Estudia esta parte bien, porque más adelante te va a servir mucho, cuando quieras sacar una canción de oído. Recuerda que el principal objetivo de estudiar *armonía*, es que puedas oír una canción en el radio o en un CD y la puedas tocar y oír perfectamente, y que distingas el cambio de acordes de las canciones.

La mayoría de las canciones tienen varios acordes, entonces si los reconoces y te los sabes bien, cuando oigas el cambio, vas a saber cuando cambiar. Las baladas, el jazz, la salsa, etc, tienen varios cambios de acordes en las canciones, pero las canciones populares, norteñas, o rancheras, así como cumbias o la música country tienen dos o tres cambios de acorde cuando mucho. Por ejemplo si la canción está en el tono de *Do mayor*. Entonces los acordes que usan son tres: *Do mayor, Fa mayor* y *Sol mayor*.

¡Eso es todo! Si te fijas en la escalerita de arriba, es:

El primer grado I, Tónica = *Do mayor*
El quinto grado V, Dominante = *Sol mayor*
El cuarto grado IV, Subdominante = *Fa mayor*.

Tomando como base la escala de *Do mayor*, fíjate que el primer acorde es *Do mayor*. Ahora te explico por qué.

El acorde de Do mayor tiene 3 notas.

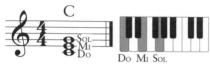

Aqui es donde vas a usar los intervalos fijate bien.

La distancia que hay de *Do* a *Mi* es una 3ra mayor, porque tiene 5 notas de distancia (*Do-Do♯-Re-Re♯-Mi*), fíjate en la página 19 donde están los intervalos para que los recuerdes.

3ra mayor

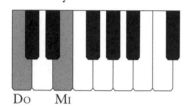

La distancia que hay de *Do* a *Sol* es una 5ta justa. Por la cantidad de notas que hay de una a otra. Fíjate en la tabla de intervalos si no estás muy seguro. Tiene 8 notas de distancia, *Do-Do♯-Re-Re♯-Mi-Fa-Fa♯-Sol*

5ta justa

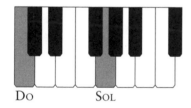

De Do a Sol hay una
5ta justa de distancia

De Do a Mi hay una
3ra mayor de distancia

Los acordes que tienen la misma forma y los mismos intervalos que éste, son exactamente iguales, se les llama *acordes mayores*. En la escala de *Do mayor* hay 3 acordes de este tipo. La tónica, I grado, la subdominante, IV grado, y la dominante V grado; o sea, los acordes de *Do - Fa - y Sol*.

Un acorde mayor tiene, una 3ra mayor y una 5ta justa.

De la misma manera que sabemos cómo se forma un acorde *mayor*, si analizamos los intervalos de los demás acordes, vamos a ver que hay otro tipo de acorde: *el acorde menor.* En la escala de *Do mayor* hay 3 acordes menores.

El acorde de RE menor tiene 3 notas.

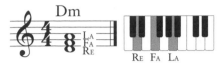

Fíjate bien en la distancia que hay de una nota a otra. Así como el acorde mayor tiene ciertas características, así también, el acorde menor es diferente, por eso se escuchan diferente uno del otro.

La distancia que hay de *RE* a *FA* es una 3ra menor, porque tiene 4 notas de distancia (*RE-RE♯-MI-FA)*, El intervalo de 3ra menor es más chico que el de 3ra mayor.

3ra menor

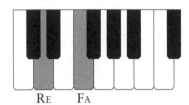

Y la distancia que hay de *RE* a *LA* es una 5ta justa. Igual que de *DO* a *SOL*, una 5ta justa. Todas las 5ta justas tienen 8 notas de distancia, *RE-RE♯-MI-FA-FA♯-SOL-SOL♯-LA*

5ta justa

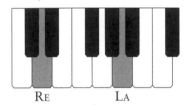

De RE a LA hay una 5ta justa de distancia. De RE a FA hay una 3ra menor de distancia

En la escala de *Do mayor* hay 3 acordes menores. El II grado, que es *REM* (sobre tónica), el III grado, que es *MIM* (Mediante) y el VI grado, que es *LAM* (sobre dominante), estos tres acordes tienen la misma distancia de intervalos y están hechos de la misma manera, por eso los tres son acordes menores y los tres se escuchan igual.

Un acorde menor tiene, una 3ra menor y una 5ta justa.

26 ACORDE DISMINUIDO

En la escala de *Do mayor*, que es la que estamos analizando, tenemos 3 acordes mayores: el acorde de *Do* el acorde de *Fa* y el acorde de *Sol*. También hay 3 acordes menores: *Rem-Mim-Lam*. Queda otro acorde más, que es diferente a estos dos tipos de acordes; el acorde disminuido.

El acorde de *Si* disminuido tiene 3 notas.

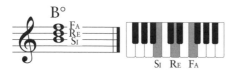

Toma en cuenta que en esta escala, no hay ni una sola tecla negra del piano, porque sólo usamos las notas blancas. Entonces el acorde que queda es *Si-Re-Fa* y este acorde tiene una 5ª disminuida, que es la distancia que hay de *Si* a *Fa*.

La distancia que hay de *Si* a *Re* es una 3ª menor, porque tiene 4 notas de distancia (*Si-Do-Do♯-Re*), También de *Re* a *Fa* hay una 3ª menor, cuéntalas.

3ra menor

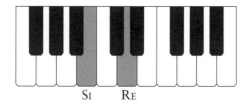

Y la distancia que hay de *Si* a *Fa* es una 5ª disminuida. Es mas chica que la quinta justa, o sea, la estas disminuyendo de tamaño, por eso se llama disminuida, tiene 7 notas, en lugar de 8: *Si-Do-Do♯-Re-Re♯-Mi-Fa*

5ta disminuida

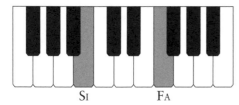

De Si a Fa hay una 5ta disminuida de distancia   De Si a Re hay una 3ra menor de distancia

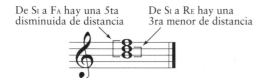

En la escala de *Do mayor* solamente hay 1 acorde disminuido que es el **VII** grado, el acorde de *Si dim* (séptima de sensible), Fíjate que el acorde disminuido se puede escribir con una bolita al final (**B°**) o con la abreviatura *dim*, asi: *Bdim.*

En la escala de *Do mayor* hay 3 tipos de acordes diferentes: ***Mayor, menor y disminuido.***

Un acorde disminuido tiene, una 3ra menor y una 5ta disminuida.

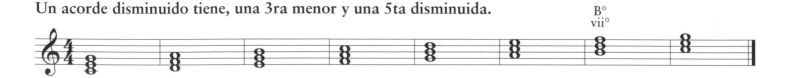

ACORDES COMPLETOS DE LA ESCALA MAYOR

Bien, ya sabemos los acordes que hay en una escala mayor, ahora vamos a saber para que sirven.

Cuando varios acordes se combinan, o se toca uno y luego otro y otro, se forma una *progresión*, o sea una sucesión de acordes, uno despues del otro. Ésa es la forma de acompañar las canciones o la música en general.

Todos los acordes de la escala de *Do mayor*, son varios, *pero todos esos acordes están en el tono de Do mayor* o en la tonalidad de *Do mayor*. Es decir, si combinamos, el acorde de *Do mayor*, y luego el de *Lam* y luego el de *Fa mayor*, y por último el de *Sol mayor*, eso es una sucesión de acordes, que en la música se le llama *progresión*. Si esos mismos acordes los repetimos varias veces en el mismo orden, entonces formamos un círculo. En este caso como estamos en el tono de *Do mayor*, entonces se le llama **círculo de Do**. Hay muchos otros círculos, o muchas otras progresiones, cada una produce un cierto acompañamiento armónico. A ese acompañamiento se le agrega una melodía y una letra para formar una canción. Con la misma progresión se pueden acompañar cientos de canciones, poco a poco lo vas a ir notando.

Estos son todos los acordes que tiene la escala de *Do mayor*.

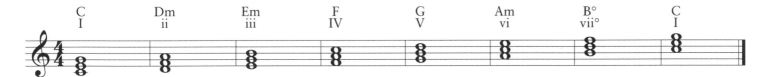

Si tocamos estos 4 acordes en este orden, se forma una acompañamiento, que se usa en muchas canciones populares. Si la escuchas se parece a canciones que tú conoces. Ésa es la razón de estudiar armonía, para que después con solo oír una canción, ya vas a saber que acordes tiene.

27 CIRCULO DE DO

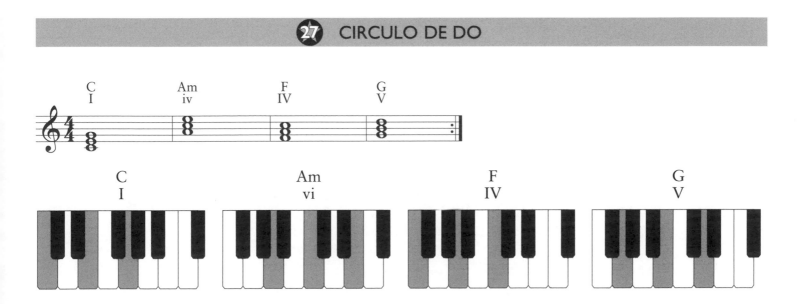

En *armonía*, la forma correcta de escribir una progresión, es con los números romanos, porque sabiendo eso, puedes tocar la misma progresión en cualquier tono. Entonces esta progresión seria así: I - vi - IV - V.

28 PROGRESIÓN NO. I

Así como hay una progresión de *Do* o círculo de *Do*, hay muchos más, todos los que te imagines. Aquí te pongo sólo algunos para que los practiques en tu instrumento y los escuches en el CD. Más adelante sabrás más y nuevas formas de usarlos. Sigue estudiando y felicidades por llegar hasta esta parte de la armonía. ¡Vas muy bien!

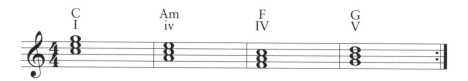

29 PROGRESIÓN NO. 2

Esta progresión también esta en *Do mayor*, se ha usado en cientos de canciones. Escúchala y aunque cambies el ritmo, de todas maneras tiene las mismas características.

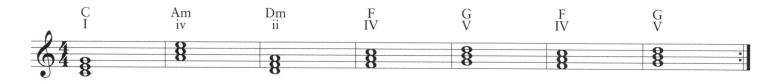

30 PROGRESIÓN NO. 3

Aquí te presento una más. Fíjate que son muy parecidas, pero si las escuchas bien, cada una tiene un *color* diferente y una característica única. Ésa es la forma en la que puedes distinguir entre una o la otra. Con la práctica vas a poder oír una canción y reconocer cuál progresión es.

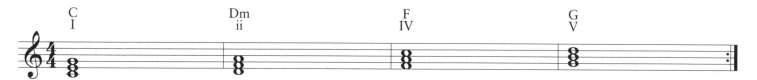

31 PROGRESIÓN NO.4

Por último te pongo esta progresión también en *Do mayor*. Todas estas progresiones se pueden transportar a otro tono. Más adelante te explico en que consiste el transportar una canción o la música en general. De momento las pongo en *Do mayor*, porque es el único tono que hemos estudiado hasta ahora.

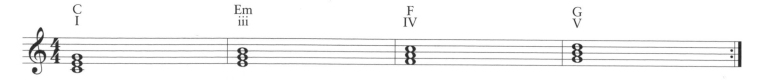

INVERSIONES

Como escuchaste en el CD en las progresiones pasadas, probablemente te diste cuenta, que para cambiar de un acorde a otro, de repente se oyen algunos brincos, o sea, las notas no están seguiditas. Hay una forma de tocar, el mismo círculo de *Do mayor* o el mismo acorde de forma diferente, para que los cambios de acordes se oigan más suaves. Para eso se usan las *inversiones de los acordes*.

Una inversión es cuando tocas las mismas notas del acorde, en diferente orden, por ejemplo en lugar de tocar *Do-Mi-Sol*, tocarías *Mi-Sol-Do*, o *Sol-Do-Mi*, eso es una inversión.

Los acordes que sólo tienen 3 notas, como los que hemos estado estudiando, sólo tienen 2 inversiones.

32 INVERSIÓN DEL ACORDE DE *DO*

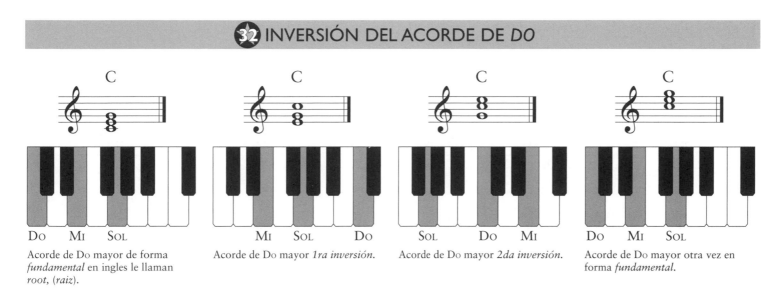

Acorde de Do mayor de forma *fundamental* en ingles le llaman root, (raiz).

Acorde de Do mayor *1ra inversión.*

Acorde de Do mayor *2da inversión.*

Acorde de Do mayor otra vez en forma *fundamental.*

CIFRADO

El cifrado sólo te dice cuál acorde debes de usar, pero no te dicen en que inversión se debe de tocar. Casi siempre el pianista usa la inversión del acorde que mas le guste o que se le haga mas fácil o de plano el único que se sepa. En la música clásica o cuando estudias armonía de forma profesional, entonces sí se debe saber en que inversión tocar una canción, porque depende de la inversión cambiará el *carácter* y el *color* de la canción. Como te diste cuenta que cada inversión se escucha diferente, si tú quieres que se oiga de cierta forma, pues hay que escribirlo así, para que nadie le cambie a tu arreglo o composición.

Por eso una canción popular se oye diferente con cada artista que la cante, aun cuando es la misma canción. Pero la música clásica o la música de películas, siempre se va a escuchar igual, porque lo importante no es quien la toque, si no lo que estén tocando. No te quiero complicar mucho la vida, te digo ciertas cosas que si más adelante quieres aprender mas música, sólo tienes que estudiar, investigar, preguntar y practicar mucho. Recuerda que la música es infinita.

Los acordes que estamos estudiando tienen 3 notas. Si cada una de ellas las tocas con diferente instrumento, o diferente *voz*, se forman 3 melodías diferentes, y cada una de ellas es una voz. Vamos a usar el círculo en *Do* como ejemplo.

Circulo de Do

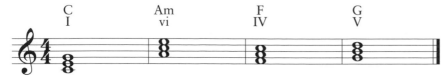

La tocamos con un violín, para que la distingas. Fíjate cómo los intervalos son melódicos.

Esta voz la toco con una guitarra y se forma una melodía diferente.

Y esta voz la vamos a hacer con un piano. Escucha el CD y le vas a entender mejor.

Se les dice voces, porque antiguamente se hacían con la voz humana, sin usar instrumentos. Actualmente se sigue usando y mucho, todos los coros las usan. Al tocar una melodía y sobreponer otra, con el mismo ritmo pero diferentes notas, se forma una segunda voz. En la armonía hay muchas voces, por lo pronto sólo usaremos tres.

Para aprender a hacer las voces adecuadas, debes de conocer muy bien los acordes y las escalas en cada uno de los tonos.

③ MELODÍA A CUATRO VOCES

Escucha este pequeño arreglo en el CD y vas a notar cómo empieza una voz y luego
otra y otra.

Es algo muy sencillo, pero te sirve para oír como se oye una voz y varias voces al
mismo tiempo.

Uso De Las Inversiones

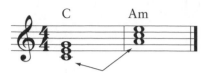

Si quiero hacer el cambio de Do
a LAm, asi como esta escrito aqui,
entonces se oye el brinco mucho.

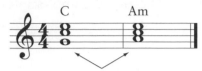

Pero si usamos las inversiones,
entonces se va a esuchar parejito,
no te digo que se oye mejor o peor,
solo se escucha diferente y tu decides
cual te gusta mas.

35 NOTAS COMUNES

Son las mismas notas, pero que pertenecen a diferentes acordes.

El acorde de Do mayor tiene 3 notas   El acorde de LA menor tambien tiene 3 notas
           Do-Mi-Sol   LA-Do-Mi

Si te fijas bien, hay 2 notas en común: el *Do* y el *Mi*. La única nota que es diferente
es el *Sol* y el *La*, para eso se usan las inversiones, para tratar de dejar sin mover las
notas comunes y sólo cambiar las que son diferentes. Fíjate aquí abajo hay tres
formas de hacer este cambio de acorde.

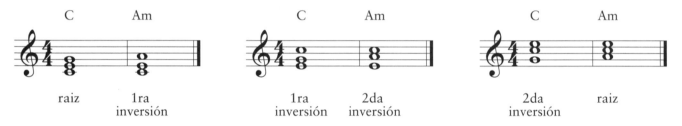

raiz   1ra   1ra   2da   2da   raiz
            inversión   inversión   inversión   inversión

Lo mismo pasa cuando cambias de *LAm* a *FA* o de *REm* a *Do* o de *Sol* a *MIm*, o
cualquier cambio. Trata de practicar usando diferentes inversiones, y vas a oír la
música de muchas formas, con el tiempo vas a escoger la que más te guste.

Escucha esta canción y la vas a oír de dos formas diferentes: una con brincos y la
otra parejita, usando las inversiones y las notas en común. Esta progresión tiene las
notas en común.

Progresión usando las notas en comun de los acordes, se oye, parejito, sin tanto
brinco.

36 Acordes Comunes

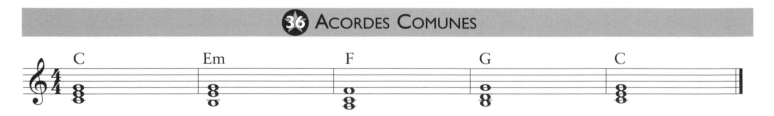

Esta progresión tiene los mismos acordes, pero se escucha con brincos. Fíjate cómo
de un acorde a otro hay saltos, y por supuesto se escucha diferente que la anterior.
Decide tú cuál te gusta más, pero por lo general, se escucha mejor la primera.
Recuerda que la música es un arte, una forma de expresar sentimientos, y si quieres
expresar un sentimiento lo puedes hacer de la forma que tú quieras y todas son
válidas. ¡Tú eres el artista!

Esta progresión usa los mismos acordes que la anterior, pero fíjate como saltan los acordes.

37 MELODÍA SIN NOTAS DE PASO

Quedamos en que la escala de *Do mayor* tiene 8 notas, ¿verdad? y que un acorde tiene 3 notas. Bueno pues al hacer una melodía, hay que usar las notas que uno quiera. Si en un compás está acompañado con el acorde de *Do mayor*, y en otro compás está el acorde de *Lam* y si sólo usara las notas que hay en esos acordes para hacer una melodía, sería muy simple, o aburrido. Escucha esta melodía.

38 MELODÍA CON NOTAS DE PASO

Pero si usamos *Las notas de paso*, o sea las notas que no son del acorde, pero que están dentro de la escala del tono en el que se esta tocando la canción, se le puede dar más variedad a la música y más colorido. En esta canción vas a oír el *Círculo de Do mayor*, pero con una melodía, parecida a la anterior. Vas a notar como serían infinitas las posibilidades de hacer melodías, usando las notas de paso, combinada con los acordes y los ritmos, por eso la música es tan bella, ¿verdad que sí?

Te recomiendo usar el *Círculo de Do mayor* y tratar de componer tus propias melodías. Al hacer esto, vas a notar que algunas melodías se parecen a otras canciones que ya conoces. Quién sabe a lo mejor compones una canción original y te haces famoso.

⑨ MELODÍA CON MAS NOTAS DE PASO

Otra melodía basada en la anterior, con el mismo *Círculo de Do mayor*, pero usando diferentes notas de paso y con un poco más de ritmo y vas a notar la diferencia. ¡Por eso la música es tan bella!

⑩ TRANSPOSICIÓN

Cuando quieres tocar la misma canción, pero en otro tono, la tienes que *transportar* al otro tono que la quieres tocar. Así es como se hace la *transposición*, pasando la misma música de un tono a otro tono. Se usa la distancia que hay en los intervalos, o sea, midiendo lo mismo pero en otro lugar. Fíjate bien, en el tema musical número 47, está la melodía en el tono de *Do mayor*. En el tema musical 48 en el tono de *La*, etc. Cada una está en diferente tono. Aunque es la misma melodía se escucha un poco diferente. Imagínate como si fuera un mismo auto, pero pintado de otro color. Al transportar una melodía, todos los intervalos mantienen la misma relación entre sí, como si usaras una regla para medir su distancia.

MELODÍA TRANSPORTADA A LA

Aquí tienes la misma melodía que la anterior, pero se escucha un poco más baja de tono, porque la transportamos de *Do* a *La*, o sea una 3ra menor para abajo. Contamos de *La* a *Do*, en lugar de contar de *Do* a *La*, porque sería una 6ª mayor para arriba, y en este caso es para abajo. Si te fijas en las notas, la primera nota de la canción en *Do* está en la 2da línea, mientras que la primera nota de la canción en *La* está en la primera línea, o sea más abajo, por eso estamos *bajando de tono*, escucha el CD y notarás la diferencia.

Esta melodía está más alta. Está en el tono de *Mib*. Es una 3ᵃ menor más arriba de *Do*.

MELODÍA TRANSPORTADA A SOL

Y esta melodía está todavía mucho más alta, en el tono de *SOL*.

Como puedes ver, y oír, es la misma melodía, pero cambia el tono en que comienza la canción, una esta más alta que la otra. Cuando digo alta, me refiero al sonido, algunos cantantes cantan más alto que otros, o más bajo, depende de la voz o del instrumento con el que se vaya a tocar la melodía o canción. Es por ese motivo que se usa la transportación, si quieres tocar la misma melodía, pero el cantante no puede hacer las notas altas, entonces la *bajas de tono* y por medio de los intervalos y la medida de cada uno de ellos, lo puedes hacer. Esto te da la idea de cómo se hace y para qué sirve la transposición de un tono a otro. Para poderlo hacer perfectamente debes conocer los tonos y las escalas de la música. Espero que continúes estudiando para que te los aprendas todos.

TRANSPOSICIÓN DE UN ACORDE

Vamos a transportar ahora un acorde en lugar de una melodía. Se hace igual que la melodía, transportando nota por nota y manteniendo la distancia exacta de los intervalos de una nota a la otra. Si quieres transportar el acorde de Do al acorde de Mi, solo mide los intervalos entre las notas.

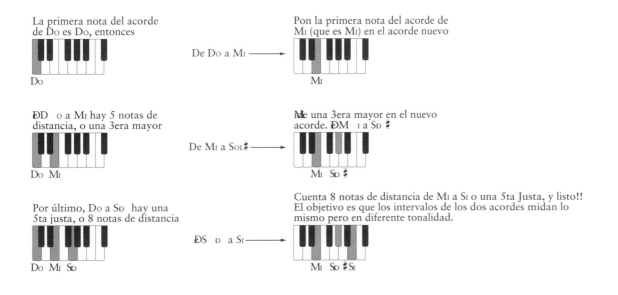

No es muy difícil transportar una melodía o un acorde, con un poco de práctica lo vas a lograr. Una cosa importante que ya he mencionado es que tengas un cuaderno pautado y que cada una de las cosas que vayas aprendiendo en este libro, lo pongas en práctica y hagas varios ejemplos de lo mismo, hasta que te quede bien claro. Además ponlo en práctica en cada canción que escuches y cada canción que toques o leas; es la forma más fácil de aprender.

Si hay algo que no recuerdes bien, repasa las páginas anteriores. En ocasiones te vas a dar cuenta de que a lo mejor algo ya se te había olvidado. Estudia mucho y serás un buen músico.

41 TRANSPOSICÍON DE UNA ESCALA

Fíjate en la escala de *Do mayor*, y la distancia que hay entre cada una de las notas, ¿te acuerdas? Ya te las debes de saber. Escúchala.

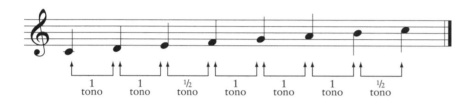

Ahora fíjate en la escala de *Mib mayor*, tiene la misma distancia de intervalos. No importa la escala que uses va a ser lo mismo, siempre y cuando sea escala mayor debe tener la misma distancia de una nota a otra.

Cuando usas una melodía y la quieres transportar a otro tono, sólo mide nota por nota y que tenga la misma distancia y eso es todo. Si la melodía comienzas en el grado 3 de la escala, pues la otra melodía en el otro tono debe comenzar también en el grado 3, por lógica.

El 3er grado en la tonalidad de Do, es MI

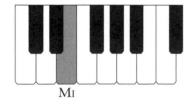

MI

El 3er grado en la tonalidad de Mib, es SOL

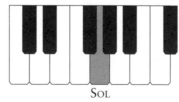

SOL

El 3er grado en la tonalidad de RE, es FA♯

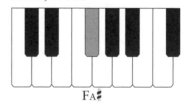

FA♯

Esto es así de fácil. Al principio es un poco enredoso, pero con poquito que practiques, lo vas a poder entender. Trata de tomar un libro de música de algún instrumento y usa cualquier melodía que encuentres. Comienza con 4 compases y luego transpórtalos a diferentes tonos a *SOL*, a *LAb*, a *RE*, a *FA♯*, a *SIb*, al que quieras. Espero que con esta explicación puedas transportar toda la música que quieras a cualquier tono que exista.

Repasa todas las escalas para que las recuerdes. Ojalá hayas entendido bien como hacer lo que acabamos de ver. Practica por tu cuenta transportar canciones y también fíjate cuáles son las notas de paso y en qué tono está la canción, cuáles acordes usa, qué grados son etc. De esta forma vas a recordar todo lo que has aprendido en este libro. Siempre que toques o leas una canción o simplemente la escuches en el radio, trata de analizarla y oír todo lo que hay en ella. Cuanto más sepas de armonía, más vas a disfrutar de la música en general

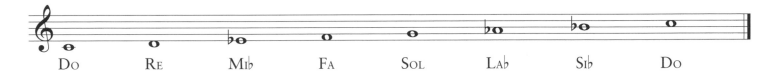

42 ESCALA MENOR NATURAL

Todo lo que hemos estudiado hasta ahora, ha sido con la escala *mayor*, los acordes, los tonos, los grados, todo en tono mayor. Pero en la música hay más posibilidades de hacer melodías diferentes y en otro tipo de escalas y en tonos que no sean mayores. Por eso vamos a conocer la escala menor, que tiene 3 tipos de variaciones pero que son muy similares.

Escala de Do menor natural, tiene 3 bemoles y se escribe y escucha así:

| Do | Re | Mi♭ | Fa | Sol | La♭ | Si♭ | Do |

Regla Para Formar La Escala Menor Natural

De *Do* a *Re* hay 1 tono de distancia
De *Re* a *Mi*♭ hay ½ tono de distancia
De *Mi*♭ a *Fa* hay 1 tono de distancia
De *Fa* a *Sol* hay 1 tono de distancia
De *Sol* a *La*♭ hay ½ tono de distancia
De *La*♭ a *Si*♭ hay 1 tono de distancia
De *Si*♭ a *Do* hay 1 tono de distancia

Fíjate que de *Re* a *Mi*♭ y de *Sol* a *La*♭ hay ½ tono.

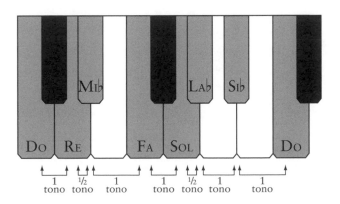

escala de Do menor natural
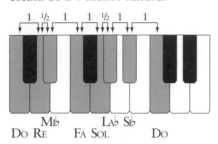
Do Re | Mib | Fa Sol | Lab Sib | Do

escala de Mi menor natural
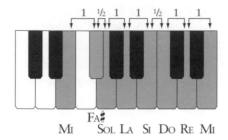
Mi | Fa# | Sol La Si Do Re Mi

escala de Sib menor natural
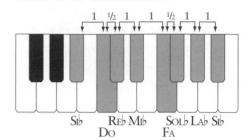
Sib | Reb Mib | Solb Lab Sib
Do | Fa

43 ESCALA MENOR ARMÓNICA

La *escala de Do menor armónica* es la más popular de las 3. Esta escala está basada en la escala menor natural, pero el 7° grado está alterado, por eso en lugar de *Sib*, el *Si* es natural. Se escucha diferente a la natural, se oye como algunas melodías orientales como cuando aparece una serpiente dentro de una canastita. Tiene un sonido muy peculiar y la vas a reconocer muy fácilmente.

Do   Re   Mib   Fa   Sol   Lab   Si   Do

Regla Para Formar La Escala Menor Armónica

De *Do* a *Re* hay 1 tono de distancia
De *Re* a *Mib* hay ½ tono de distancia
De *Mib* a *Fa* hay 1 tono de distancia
De *Fa* a *Sol* hay 1 tono de distancia
De *Sol* a *Lab* hay ½ tono de distancia
De *Lab* a *Si* hay 1 tono y ½ de distancia
De *Si* a *Do* hay ½ tono de distancia

Fíjate que de *Re* a *Mib*, de *Sol* a *Lab* y de *Si* a *Do* hay ½ tono.

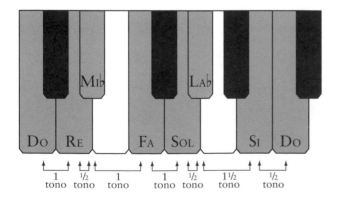

escala de Do menor armónica   escala de Mi menor armónica   escala de Si♭ menor armónica

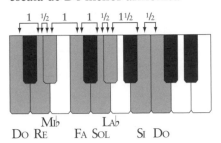

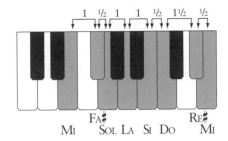

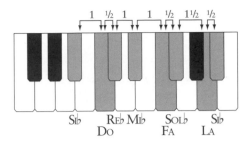

Todas las escalas menores armónicas deben de tener la misma distancia = 1t, ½t, 1t, 1t, ½t, 1½t, ½t. El septimo grado, sube ½tono, para que haya ½tono de distancia del 7ᵐᵒ grado al 8ᵛᵒ, como en la escala mayor.

44 ESCALA MENOR MELÓDICA

La *escala de Do menor melódica,* tiene una característica especial. Las dos escalas menores anteriores, se tocan exactamente igual, para arriba que para abajo, pero la menor melódica, se toca de una forma para arriba y de otra diferente para abajo. Cuando va para arriba se altera el 6ᵗᵒ y 7ᵐᵒ grado, como si fuera la escala mayor, o sea sólo el grado 3º se baja medio tono. Pero cuando va para abajo entonces se baja medio tono el 6ᵗᵒ y 7ᵐᵒ grado y por supuesto también el 3º, como si fuera la escala menor natural. Escucha el CD y fíjate como se escribe y como se oye.

Do   Re   Mi♭   Fa   Sol   La   Si   Do   Si   La♭   Sol   Fa   Mi♭   Re   Do

ESCALA MENOR MELÓDICA ASCENDENTE

cuando va para arriba

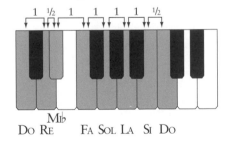

Regla Para Formar La Escala Menor Melódica (Ascendente)

De *Do* a *Re* hay 1 tono de distancia
De *Re* a *Mi* hay ½ tono de distancia
De *Mi♭* a *Fa* hay 1 tono de distancia
De *Fa* a *Sol* hay 1 tono de distancia
De *Sol* a *La* hay 1 tono de distancia
De *La* a *Si* hay 1 tono de distancia
De *Si* a *Do* hay ½ tono de distancia

Escala Menor Melódica Descendente

cuando va para abajo

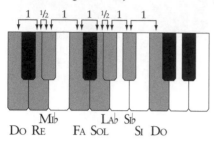

Nota: Cuando va para abajo, es igualita que la escala menor natural.

Regla Para Formar La Escala Menor Melódica (Descendente)

De *Do* a *Sib* hay 1 tono de distancia
De *Sib* a *Lab* hay 1 tono de distancia
De *Lab* a *Sol* hay ½ tono de distancia
De *Sol* a *Fa* hay 1 tono de distancia
De *Fa* a *Mib* hay 1 tono de distancia
De *Mib* a *Re* hay ½ tono de distancia
De *Re* a *Do* hay 1 tono de distancia

Un Poco Más De Las Escalas Menores

La *escala menor melódica,* es la combinación de las escalas menores anteriores. La *escala menor natural,* sube y baja de la misma manera y también la *escala menor armónica* es lo mismo para arriba que para abajo. La *escala menor melódica,* cuando va para arriba (ascendente), es de una forma, y cuando va para abajo (descendente) es de otra. Trata de recordar esto siempre.

Éstas son las tres formas diferentes de hacer la escala menor. Escúchalas una vez más cada una y compáralas con la escala mayor. De esa manera vas a ver que cada una se escucha diferente y tiene sus propias características. Con cada una de ellas se hacen diferentes canciones y melodías, con el tiempo las vas a poder distinguir perfectamente bien.

Tonos Relativos Menores

Ya dijimos que hay tonos mayores y tonos menores en la música. Por medio de la armadura podemos saber en qué tono está cualquier canción. Los dos tonos que tienen la misma armadura se les llama *tonos relativos.* El tono menor es el *relativo menor* del tono mayor.

Por ejemplo la escala de *Do mayor* son sólo las notas blancas en el piano. La escala de *La* menor natural, también son puras notas blancas en el piano, pues *La* menor es el tono relativo menor de *Do mayor.*

Para saber cómo se hacen los tonos relativos, tomas la nota fundamental del tono mayor y haces un intervalo de 3ra menor descendente y listo. De *Do* a *La* (para abajo) es una 3ra menor porque tiene 4 notas (*Do-Si-Sib-La*). también lo puedes hacer una 6ta mayor, de *Do* a *La* y listo. Voy a poner solo algunos tonos relativos menores, espero que con esto, tú puedas saber cualquiera de ellos. De cualquier manera consulta el círculo de quintas y ahí están todos los relativos menores.

Hay canciones que comienzan en el tono relativo menor, por ejemplo en *La* menor y en el coro de la canción, cambia a *Do*, que es el relativo mayor de *La* menor. Hay algunas otras que comienzan en tono mayor, como *La mayor* y luego cambian a *Fa♯m* que es el relativo menor. Todo esto es muy útil para poder oír una canción y saber qué tonos está usando.

El Tono Relativo De Do Mayor Es La Menor

Ésta es la escala de *La menor natural* y la armadura de *La menor*. Fíjate como también son puras notas blancas en el piano.

No hay ni un bemol (♭) en la armadura. Y por supuesto, tampoco tiene ni un sostenido (♯).

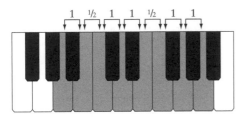

La Si Do Re Mi Fa Sol La

Ésta es la escala de *La menor armónica*. La armadura de *La menor* es la misma armadura para todas las escalas menores.

La Si Do Re Mi Fa Sol♯ La

Ésta es la escala de *La menor melódica ascendente*, o sea cuando vas tocando para arriba, tiene el 6to y el 7mo grado alterados.

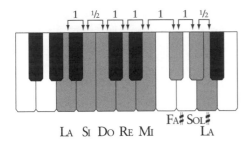

La Si Do Re Mi Fa♯ Sol♯ La

ascendente

Ésta es la escala de *La menor melódica descendente*, o sea cuando vas tocando para abajo, es igual que la escala menor natural.

LA SI DO RE MI FA SOL LA

45 CANCIÓN EN TONO MENOR

Escucha este tema en el CD para que escuches como se oye el tono menor.

TABLA DE TONOS RELATIVOS MENORES

Para ayudarte un poco a entender mejor esto, te escribo una tabla completa de todos los tonos mayores y sus relativos menores,estos también se encuentran en el diagrama del circulo de quintas.

Recuerda la regla:

Una tercera menor *para abajo*, es la forma de saber el relativo menor.

O una *sexta mayor hacia arriba* como se te haga más fácil.

Tono Mayor	Relativo Menor
DO	LAm
RE	SIm
MI	DO#m
FA	REm
SOL	MIm
LA	FA#m
SI	SOL#m

Escucha esta canción en el CD, para que oigas como es el tono menor, tiene un *color* diferente al tono mayor, es como más triste. Trata de analizar los acordes y la melodía y descubre cuáles son las notas de paso en la melodía.

46 ESCALAS EN TONALIDAD MENOR

A continuación te escribo las escalas menores en sus tres formas: *natural, armónica* y *melódica*. La escala melódica solo la voy a poner en su forma ascendente, porque ya sabes que descendente es igual que la *natural*. Sólo voy a poner las escalas más populares o las mas usadas. Si entiendes armonía, vas a poder saber cómo se hace cualquier escala menor en cualquiera de sus tres formas.

Advertencia: En este tema musical te pongo todas las escalas menores. Escúchalas una por una en el CD y léelas en el libro al mismo tiempo.

ESCALA DE DO MENOR NATURAL

ESCALA DE DO MENOR ARMÓNICA

ESCALA DE DO MENOR MELÓDICA ASCENDENTE

ESCALA DE RE MENOR NATURAL

ESCALA DE RE MENOR ARMÓNICA

ESCALA DE RE MENOR MELÓDICA ASCENDENTE

ESCALA DE MI MENOR NATURAL

ESCALA DE MI MENOR ARMÓNICA

ESCALA DE MI MENOR MELÓDICA ASCENDENTE

ESCALA DE FA MENOR NATURAL

ESCALA DE FA MENOR ARMÓNICA

ESCALA DE FA MENOR MELÓDICA ASCENDENTE

ESCALA DE SOL MENOR NATURAL

ESCALA DE SOL MENOR ARMÓNICA

ESCALA DE SOL MENOR MELÓDICA ASCENDENTE

ESCALA DE LA MENOR NATURAL

ESCALA DE LA MENOR ARMÓNICA

ESCALA DE LA MENOR MELÓDICA ASCENDENTE

ESCALA DE SI MENOR NATURAL

ESCALA DE SI MENOR ARMÓNICA

ESCALA DE SI MENOR MELÓDICA ASCENDENTE

GRADOS EN TONO MENOR

De la misma manera que en la escala mayor se forman varios acordes al ponerle más notas encima de la escala, con las escalas menores también se forman varios acordes. Recuerda que hay tres tipos de escalas menores, así que con cada una vas a ver varios acordes, algunos ya los conoces y hay otros nuevos. Además el orden de los acordes cambia. Por ejemplo en la escala *Do mayor*, el tercer grado es un acorde menor (*Mi menor*) ¿verdad que sí?, bueno pues en la escala de *La menor*, el tercer grado es un acorde mayor (*Do mayor*).

47 GRADOS EN LA ESCALA MENOR NATURAL

Fíjate en esta escala y escucha el CD para que oigas cada uno de los acordes. Los acordes de la escala de *La menor natural* son: ‖ 1er grado, *La menor* ‖ 2do grado, *Si disminuido* ‖ 3er grado, *Do mayor* ‖ 4to grado, *Re menor* ‖ 5to grado, *Mi menor* ‖ 6to grado *Fa mayor* ‖ y 7mo grado, *Sol mayor* ‖ El octavo grado se vuelve a repetir el primero, que es *La menor*. En esta escala sólo hay acordes mayores, menores y un disminuido, y tú ya sabes cómo hacer cada uno de ellos.

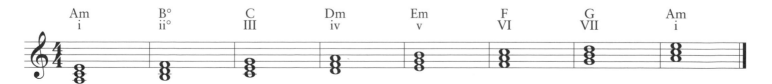

48 GRADOS EN LA ESCALA MENOR ARMÓNICA

En la escala de *La menor armónica* los acordes son: ‖ 1ᵉʳ grado *La menor* ‖ 2ᵈᵒ grado, *Si disminuido* ‖ 3ᵉʳ grado *Do aumentado* ‖ 4ᵗᵒ grado, *Re menor* ‖ 5ᵗᵒ grado, *Mi mayor* ‖ 6ᵗᵒ grado, *Fa mayor* ‖ 7ᵐᵒ grado *Sol disminuido* ‖ y el octavo se repite. Aquí hay un acorde nuevo, el acorde del 3ᵉʳ grado; *Do aumentado*. Todos los acordes aumentados son iguales, más adelante te explicaré como se construyen.

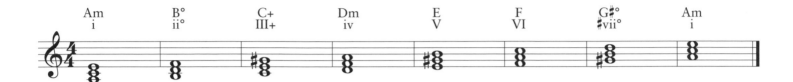

49 GRADOS EN LA ESCALA MENOR MELÓDICA

Por último tenemos la escala ascendente de *La menor melódica* (recuerda que la forma descendente es igual que la natural) en esta escala hay estos acordes: ‖1ᵉʳ grado *La menor* ‖ 2ᵈᵒ grado, *Si menor* ‖ 3ᵉʳ grado, *Do aumentado* ‖ 4ᵗᵒ grado *Re mayor* ‖ 5ᵗᵒ grado, *Mi mayor* ‖ 6ᵗᵒ grado *Fa♯ disminuido* ‖ 7ᵐᵒ grado, *Sol♯ disminuido* ‖ El octavo es igual que el primero. Como puedes ver, en las escalas mayores y menores solo hay 4 tipos de acordes: mayores, menores, disminuidos y aumentados. No hay más que estos cuatro acordes.

50 ACORDE AUMENTADO

Como vimos en la página anterior, al hacer acordes en la escala menor se forman varios tipos de acordes. En la *escala menor armónica* y en la melódica hay un acorde que se forma al alterar el séptimo grado de la *escala menor natural*. Este acorde es el acorde aumentado. En la escala de *La menor armónica*, el 3ᵉʳ grado es el acorde de *Do aumentado*. Aquí te explico cómo se forman todos los acordes aumentados.

El acorde de Do aumentado tiene 3 notas.

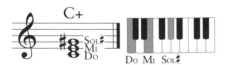

Aquí es donde vas a usar los intervalos. ¡Fíjate bien!

La distancia que hay de *DO* a *MI* es una 3ʳᵃ mayor, porque tiene 5 notas de distancia (*DO-DO♯-RE-RE♯-MI*). Fíjate en la página donde están los intervalos para que los recuerdes.

3ra mayor

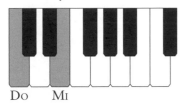

Do   Mi

Y la distancia que hay de *DO* a *SOL♯* es una 5ᵗᵃ aumentada. Fíjate en la tabla de intervalos si no estás muy seguro. Tiene 9 notas de distancia, *DO-DO♯-RE-RE♯-MI-FA-FA♯-SOL-SOL♯*

5ta aumentada

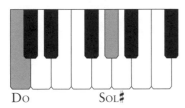

Do   Sol♯

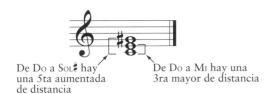

De Do a Sol♯ hay   De Do a Mi hay una
una 5ta aumentada   3ra mayor de distancia
de distancia

El acorde aumentado, así como cualquier otro acorde, se puede formar a partir de cualquier nota, sólo tienes que respetar el orden de los intervalos y es todo. Se le dice *triada* a un acorde que esta hecho de tres notas. Todos los acordes que tienen solo 3 notas diferentes se les llama *triadas*. Estos son los únicos acordes que hay de triadas, no creas que son muchos. Ésa es la razón por la que te dije al principio que la música es fácil, una vez que la entiendes. Sólo hay 4 formas de triadas diferentes: **Acorde mayor ‖ Acorde menor ‖ Acorde disminuido ‖ Acorde aumentado**

Do mayor

Do menor

Do disminuido

Do aumentado

Un acorde aumentado tiene, una 3ʳᵃ mayor y una 5ᵗᵃ aumentada.

51 PROGRESIÓN NO. 5

Aquí tenemos otra progresión. Escúchala primero. Fíjate que tiene el acorde completo en la clave de sol y los acordes van bajando. Otra cosa es que esta progresión está en el tono de *LA menor*, usa la escala de *LA menor armónica*. Por esa razón cuando tocamos el acorde de E, la nota es *SOL♯*. También le agregué el bajo, por eso se escucha más completa. Además esta progresión es muy común y se ha usado en muchísimas canciones. Estoy seguro que la vas a reconocer.

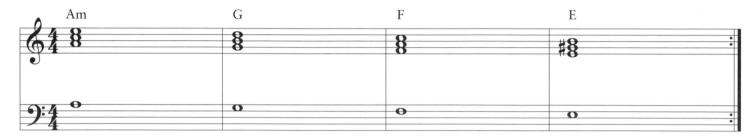

52 PROGRESIÓN NO. 6

Aquí tenemos otra progresión más en el tono de *RE menor*. Fíjate que tiene la armadura de *FA mayor* (con un *Si♭*), Los acordes que usamos son *RE menor*, *SOL menor* y *LA7*. El acorde de *LA7* tiene 4 notas en lugar de 3. Más adelante vamos a estudiar todos los acordes de séptima. Otra cosa importante es que ya no te pongo el dibujo del piano, como te dije al principio es muy bueno que estudies piano, aunque sólo puedas tocar lo que esta aquí escrito. De cualquier manera escucha el CD para que oigas la progresión completa. Observa que se repite por los signos de repetición.

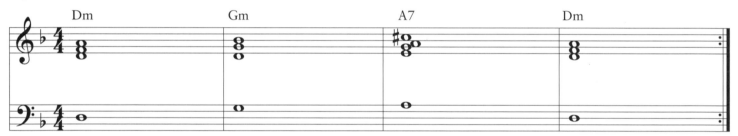

53 PROGRESIÓN NO. 7

En esta progresión vas a notar que le agregué el ritmo del bajo. Observa cómo en los acordes hay inversiones, las cuales ya debes de entender. Esta progresión es muy común, y se ha usado en muchas canciones populares, sólo escucha los cambios de acordes y las inversiones. También puedes notar si hay algunas notas en común, cuando va de un acorde a otro. Por supuesto trata de distinguir los cambios de acorde por oído, eso es lo más importante.

Un Poco De Análisis

Esta progresión está en el tono de *Do menor*. Siempre que toques algo, trata de entenderlo primero, nunca toques nada más por tocar, analízalo y todo va a ser más fácil. Si la canción está en el tono de *Do*, entonces usas la escala de *Do menor* ‖ *DO-RE-MIb-FA-SOL-LAb-SI-DO* ‖, ésta es la escala de *Do menor armónica*, puedes usar la *melódica* o la *natural*, pero siempre la escala de *Do menor*. Lógicamente si usas esta escala porque estás en este tono, entonces los acordes que debes usar son los que pertenecen a esta escala, por ejemplo el primer grado siempre será *Do menor*. El segundo grado en la *escala menor armónica* es un acorde *disminuido*: *RE disminuido*. Si usas la *escala menor melódica*, entonces el segundo grado es un acorde menor: *REm*. Lo entiendes ¿verdad? En la escala de *Do menor melódica*, el sexto grado se altera o sea la nota de *LA* es natural, en lugar de *LAb* y por eso el acorde de *RE* se hace menor, porque las notas del acorde de *RE*, son: *RE, FA, LA* y esto forma un acorde menor. Si usáramos la escala de *Do menor natural*, entonces sería *LAb* y por eso el acorde de *RE* dim es: *RE, FA, LAb*. Si analizamos todo esto, el tercer grado es un acorde mayor y así por el estilo. Por eso en esta progresión hay estos acordes: *DOm, FAm, SIb, MIb, DOm, FAm, SOL7, DOm*.

El acorde de *Do menor* (*DO, MIb, SOL*) es el primer grado y el acorde de *FA menor* (*FA, LAb, DO*) es el 4to grado. Como puedes ver al hacer este 4to grado un acorde menor, significa que estás usando la *escala menor natural* o la *armónica* porque la nota *LA* es bemol. En ningún momento en esta progresión estamos usando las notas de la *escala melódica*, porque si fuera así, entonces el acorde del 4° grado que es *FA*, sería *FA mayor* (*FA, LA, DO*).

Después de *FA menor*, está el acorde de *SIb*, (*SIb, RE, FA*) que es el 7mo grado. Recuerda que el 7mo grado en la *escala menor natural* o *armónica* es un acorde mayor (ve la página 59) y luego sigue el acorde de *MIb* (*MIb, SOL, SIb*), este acorde es el 3er grado, que también es un acorde mayor. Luego repites el *Do menor*, después otra vez el *FA menor* y luego sigue el acorde que define la escala: el *SOL7*. Este acorde usa las notas de *SOL, SI, RE, FA* y aquí esta el *SI natural*. Esta nota es el séptimo grado, por eso lo haces *SI* natural por la escala de *Do menor armónica*. Entonces como puedes ver, estás combinando la *escala natural* y la *escala armónica* al hacer esta progresión.

Puede parecerte un poco enredado, pero si lees despacio y poco a poco analizas lo que te digo, lo vas a entender perfectamente bien.

Aquí tienes otra progresión más. Antes de analizarla o estudiarla, escúchala primero en el CD, viendo la partitura.

Ahora contesta estas preguntas.

¿En qué tono esta la canción? ¿Qué escala estás usando? ¿Por qué usas el *FA♯*? ¿Qué tipo de música es? ¿Se repite el ritmo o no?

Así puedes preguntarte varias cosas y luego analizarlas. Pregúntate por qué se usa cada acorde y cuando cambia de uno a otro. Esto que estas haciendo es precisamente para lo que sirve la armonía. Seguro que ya has aprendido mucho, ¿verdad?

Si sólo fueras a tocar el cifrado de esta progresión, entonces solo se ponen los acordes en la parte de arriba de los compases, en el tiempo en que cambia de acorde. Fíjate que al principio del compás numero 2, no hay acorde. La razón de esto es porque el acorde se mantiene, hasta que no cambia. Si un acorde está por 3 compases, entonces no cambia. Usa este cifrado para que toques tu propia melodía usando esta misma progresión.

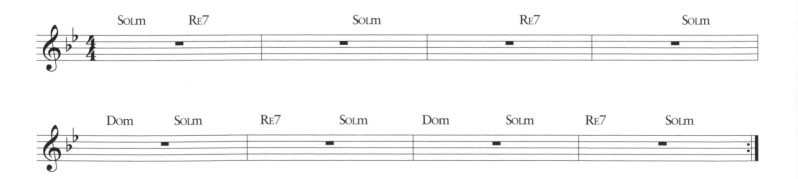

INVERSIÓN DE LOS ACORDES MENORES

De la misma manera que hacemos una inversión del acorde mayor podemos hacer una inversión de cualquier acorde con tan sólo cambiar el orden de las notas. Los acordes que tienen 3 notas, van a tener 2 inversiones. Los acordes que tienen 4 notas, van a tener 3 inversiones, y así sucesivamente. Los acordes de 4 notas son los acordes de séptima, casi al final del libro los vamos a estudiar. Fíjate cómo vamos a hacer la inversión del acorde de *Do menor*.

55 INVERSIÓN DEL ACORDE DE DO MENOR

Cuando tocas 3 notas diferentes al mismo tiempo se le llama *acorde*. Si tocas esas mismas 3 notas del acorde una por una, entonces se le dice *arpegio*. En inglés le llaman *broken Chords*, que significa *acordes quebrados*, o sea que separas las notas y las tocas una por una en lugar de tocarlas juntas. Hay muchas formas de tocar un arpegio, éstos son sólo algunos ejemplos. Fíjate bien que son las mismas notas del acorde tocadas una por una.

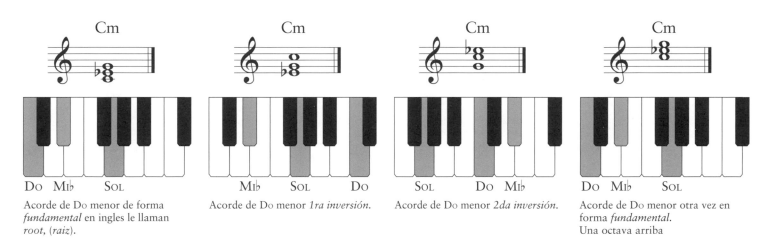

Acorde de Do menor de forma *fundamental* en ingles le llaman root, (raiz).

Acorde de Do menor *1ra inversión*.

Acorde de Do menor *2da inversión*.

Acorde de Do menor otra vez en forma *fundamental*.
Una octava arriba

56 ARPEGIOS

Cuando tocas un acorde en forma de arpegio, puedes usar cualquier inversión del acorde, y puedes cambiar el orden de las notas como tú quieras. El único requisito es que sean las notas del acorde. Fíjate en estos ejemplos y escúchalos en el CD.

Este tipo de arpegios se usan para acompañar canciones. Es muy común usar arpegios en baladas o canciones lentas. Trata de practicar escribiendo tú algunos arpegios con diferentes acordes o progresiones y luego trata de tocarlos en el piano.

57 ARPEGIO INSTRUMENTAL

Este tipo de arpegio fue muy común en un estilo de música instrumental que tocaban con puro piano. Si lo escuchas lo vas a distinguir. Se usa mucho en baladas o música instrumental. Fíjate como la tercera del acorde la tocan una octava más alta para darle ese efecto. Al acompañar una canción, puedes también tocar varios tipos de arpegios en la misma canción. No es muy recomendable pongas un arpegio diferente en cada compás, pero sí los puedes variar 2 ó 3 veces en la canción.

58 ARPEGIO CLÁSICO

Este arpegio lo usó mucho Mozart en varias de sus piezas musicales, llama "bajo de Alberti." Actualmente casi no se usa para acompañar canciones, a menos que le quieras dar un toque clásico a tu música.

59 ARPEGIO COMBO

Este arpegio es una combinación de varios estilos. Un arpegio ascendente de *Do*, un arpegio de escalerita de *La7* y luego un arpegio de *Re menor* y uno de *Sol7*, y por último, el de *Do* de bajadita cambiando una nota a la vez. Te recuerdo que los acordes de séptima, como *La7* y *Sol7* en lugar de 3 notas tienen 4 notas. Escúchalo en el CD.

60 ARPEGIO ASCENDENTE

Este arpegio es un solo acorde. Es el acorde de *SOL7* y se usa principalmente para crear tensión o expectativa. Por ejemplo se usa para llegar a la nota final o al climax de la canción. Este acorde se usa para volver a la tónica.

61 ARPEGIO AVANZADO

Y este arpegio, aunque se vea difícil, es simplemente el acorde de *Gmaj9*, o sea, *SOL* de *novena mayor*. Las notas de este acorde son: *SOL-SI-RE-FA♯-LA*. Si te fijas bien, son las únicas notas que vas a encontrar en este arpegio. Al tocarlas de esta manera con un ritmo diferentes y tocadas en acompañamiento, se forma un estilo de música que se usa en muchas canciones.

62 MODOS GRIEGOS

Además de las escalas que ya conocemos (*mayor, menor natural, menor armónica y menor melódica*) hay más escalas que se usan en diferentes estilos de música. Estas escalas se les llama *modos griegos*, y algunas de ellas se usan en la música de *jazz*, o *blues*, o en algunos otros países no occidentales. Las incluyo en este libro como referencia y para que las conozcas.

Escribo la escala en el tono de *DO mayor*. Si la quieres usar la misma escala en cualquier otro tono, solo tienes que transportarla usando la distancia que hay entre cada uno de los intervalos. Me imagino que ya a estas alturas del libro debes saber cómo hacerlo.

Advertencia: En este tema musical te pongo todos los modos griegos. Escúchalos y léelos al mismo tiempo.

DÓRICO

Es parecida a la *escala menor natural*, pero el 6to grado se altera medio tono para arriba, creando así un sonido diferente. Esta escala no es muy común en la música popular. Te recuerdo que las escalas más populares y más usadas son: la *escala mayor* y la *escala menor armónica*.

FRIGIO

En inglés se escribe *Phrygian* y tomando como base la escala menor natural, bajamos medio tono el 2do grado. En este caso es el *RE* que lo hacemos *REb*. Escúchala en el CD y vas a notar un sonido diferente al que estas acostumbrado a oír.

LIDIO

En esta escala tomamos como base la escala mayor. Lo único que hacemos es subir medio tono el 4to grado, en este caso se hace *FA#*. Cada una de estas escalas se usa para cierto estilo de música. Si te las puedes aprender de memoria y tocarlas sería muy bueno.

MIXOLIDIO

Para hacer esta escala tomamos como base la escala mayor y el séptimo grado lo bajamos medio tono, que en este caso es el *SIb*. En inglés le llaman *Mixolydian* y produce un sonido muy peculiar.

EÓLICO

Fíjate bien en esta escala. ¿Le encuentras algo raro? ¿Se parece a alguna que ya conoces?, ¡Claro que sí! Es nada más y nada menos que la *escala menor natural*. Así es, sólo que antes le llamaban *eólico*, pero es la misma que ya conoces.

TONOS COMPLETOS

Esta escala se usó un tiempo en música contemporánea clásica. Aún hoy en día se usa pero tiene un efecto un poco raro para la gente que no está acostumbrada a oírla. Curiosamente en lugar de 8 notas, sólo tiene 7 y es de puros tonos completos. Escúchala en el CD.

PENTATÓNICA

Esta es un poco rara. Sólo tiene 5 notas diferentes, por eso se la llama *pentatónica*; *penta* quiere decir *cinco*.

HÚNGARA

Esta escala como su nombre lo dice, se usa mucho en Hungría. Cuando compones música con esta escala se escuchan melodía que parecen de ese país o esa región. Si quieres la puedes usar para dar un efecto especial a tu música. Escúchala en el CD.

ESTILOS DE MÚSICA

La mayoría de la música popular está compuesta con las escalas mayores y menores, pero como la música es infinita, muchos compositores han creado diferentes escalas para componer sus melodías. Recuerda que con una escala como base, le agregas otras notas encima de la misma escala y formas acordes. Con la combinación de esos acordes y usando notas de la escala formas la armonía y el acompañamiento, y por supuesto, se crea un estilo de música. Es por esa razón por la que hay tantos estilos de música. La idea de este libro es que tú puedas entender y oír los acordes y las melodías de cualquier estilo de música que te guste. Algunos estilos de música más comunes son: rock, jazz, cumbia, salsa, vallenato, cha cha cha, blues, *etc.*

63 ACORDES DE SÉPTIMA

Los acordes que hemos visto, mayor, menor, aumentado y disminuido, todos tienen 3 notas. Cuando le agregas una nota más se forman los acordes de séptima. Todos los acordes de séptima tienen 4 notas. Se les llama acordes de séptima, porque se les agrega la séptima nota de la escala. Al acorde de *DO* se le agrega la nota de *SI*, que es la séptima nota en la escala de *DO* y se convierte en *DOmaj7*. Hay varios tipos de acordes de séptima, dependiendo de la distancia que hay entre los intervalos que forman el acorde. Aquí está la escala de *DO mayor* y todos sus acordes de séptima. Con las indicaciones que te explico aquí, debes de poder hacer cualquier acorde de séptima en cualquier tono. Sólo hay 7 tipos de acordes de séptima; te los explico en inversiones.

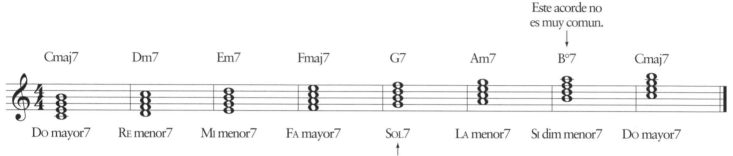

Este acorde no es muy común.

A este acorde también se le llama *séptima de dominate* y es muy común. Se usa mucho en la música popular. Cuando dicen primera y segunda de una canción, este acorde es la segunda.

64 ACORDE DE SÉPTIMA MAYOR

Cuando usas las escalas menores y le agregas la séptima, (o una tercera más a los acordes de tres notas), las posibilidades aumentan formando más acordes. Aquí tienes una tabla de las posibilidades de todos los acordes de séptima que hay y los intervalos que cada uno tiene. Se clasifican en 7 formas diferentes, y por supuesto cada uno tiene un *color* diferente, o sea un sonido diferente. Cada uno se usa para diferente estilo de música. Cuando escuches una canción trata de oír qué tipo de acorde es, si sólo tiene 3 notas, entonces puede ser mayor, menor, disminuido o aumentado, y si tiene 4 notas entonces es uno de estos 7 acordes de séptima. Recuerda que también los acordes de séptima se pueden tocar en forma de y en inversiones.

Acorde de séptima mayor/major seventh chord

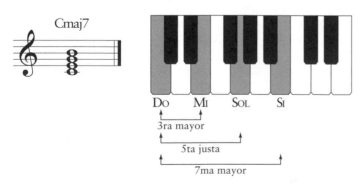

Este acorde se usa mucho en la música de *jazz*, en las baladas románticas y en algunas terminaciones de canciones. Tiene un sonido muy agradable y es muy común.

Apréndete bien los intervalos que tiene y trata de hacer el acorde de:
Dmaj7 ‖ E♭maj7 ‖ Bmaj7 ‖ Amaj7 ‖

Los pongo en inglés porque la mayoría de libros de este país los escriben así.
Apréndete los acordes también en inglés para que te sea más fácil leer el cifrado de
miles de canciones y libros.

65 ACORDE DE SÉPTIMA MENOR

Este acorde tiene un sonido muy *romántico* a mí en particular me gusta mucho y lo
uso en muchas de mis canciones. Cada persona tiene un gusto diferente y una
sensibilidad distinta, escúchalo tú en el CD y forma tu propia opinión. Lo
importante es que lo conozcas por oído y sepas cómo se forma en cualquier tono.

Acorde de séptima menor/minor seventh chord

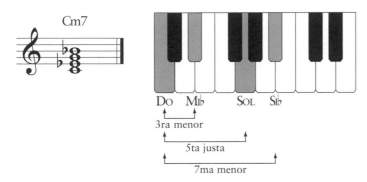

Se usa mucho en baladas románticas, en algunos tipos de cumbias, en boleros y
sobre todo para darle variación al acorde menor. Tiene un sonido muy bonito.

Como práctica, trata de hacer estos acordes y por supuesto tócalos en el piano.

Dm7 ‖ Fm7 ‖ B♭m7 ‖ F♯m7 ‖ Em7

¡A estudiar se ha dicho !

66 ACORDE DE QUINTA DISMINUIDA MENOR SIETE

Este acorde suena muy parecido al de séptima de dominante.

Quinta disminuida menor siete/half-diminished seventh chord

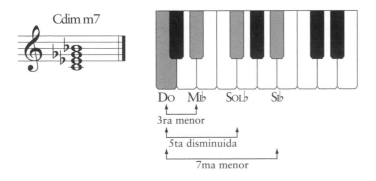

Toca estos acordes: Gdim m7 ‖ D♭dim m7 ‖ Fdim m7 ‖

67 ACORDE DE SÉPTIMA DE DOMINANTE

Éste es el acorde más común de todas las séptimas. Además es un acorde que se ha usado durante muchos años en casi todas las canciones. Tiene un sonido muy característico y una vez que tu oído lo reconoce, nunca más lo vas a olvidar.

Séptima de dominate/dominant seventh chord

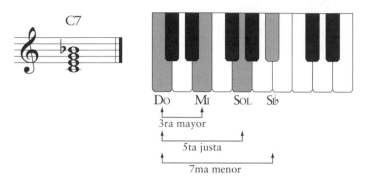

Éste es el acorde más común y popular de todos los acordes de séptima. Se usa muchísimo y casi esta en todas las canciones populares de la mayor parte del mundo.

Toca estos acordes: D7 ‖ F7 ‖ A7 ‖ E♭7 ‖G7 ‖ F♯7 ‖ B♭7 ‖

68 ACORDE MENOR CON SÉPTIMA MAYOR

Este acorde es de los que casi no se usan, especialmente en la música popular. En otro tipo de música, como *jazz*, salsa, o música instrumental, sí se usa. Escucha el CD, y vas a notar su sonido especial.

Menor mayor séptima/major minor seventh chord

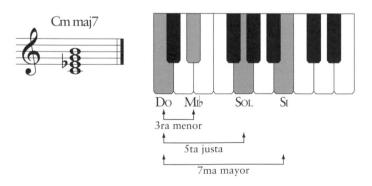

Este acorde no es muy común. Pero cuando tu compones una canción puedes usar el que te guste.

Como práctica aprende a hacer estos acordes también.
Fm maj7 ‖ D♭m maj7 ‖ Am maj7 ‖ Em maj7 ‖

69 ACORDE AUMENTADO CON SÉPTIMA MAYOR

Igual que el anterior, este tampoco es muy popular. Cada acorde tiene un sonido único, y por alguna razón, algunos se usan más que otros.

Aumentado con séptima mayor/augmented with major seventh chord

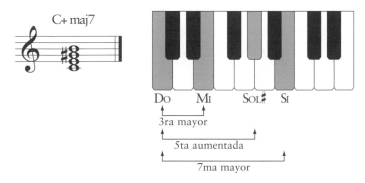

Este acorde es de la familia de la quinta aumentada, tampoco es muy común, pero tienes que conocer todos los acordes. Escúchalo, tiene un sonido un poco raro.

Trata de tocar estos acordes:
D+ maj7 ‖ E+ maj7 ‖ G♭+ maj7 ‖ B♭+ maj7 ‖ F♯+ maj7 ‖

70 ACORDE DE SÉPTIMA DISMINUIDA

Este acorde sí es popular y se usa para principios de canción, o como un adorno especial. Este acorde tiene una característica especial. Este es el único acorde de todos, que se oye exactamente igual al invertirlo. El acorde de *Dodim m7*, tiene 4 notas: *Do, Mi♭, Sol♭, Si♭♭*. Al invertirlo, pasas el *Do* una octava arriba y es así: *Mi♭, Sol♭, Si♭♭, Do*. Y si lo inviertes otra vez es así: *Sol♭, Si♭♭, Do, Mi♭*. No importa cómo lo inviertas, la distancia de los intervalos en cada nota es la misma, puras terceras menores. Por eso aunque cambien de inversión, siempre se va a escuchar igual.

Acorde de séptima disminuida/diminished seventh chord

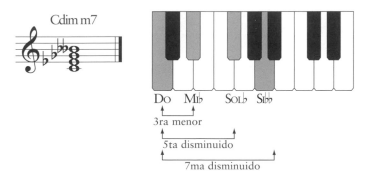

Este acorde sí se usa, y es el acorde completo de 4 notas de séptima disminuida, tiene puras terceras menores.

Toca estos acordes: E♭dim m7 ‖ Adim m7 ‖ Ddim m7 ‖ F♯dim m7 ‖ Gdim m7 ‖

71 DIFERENTES NOMBRES DE UN MISMO ACORDE

El mismo acorde se puede considerar de varias formas y nombres, dependiendo de todo lo demás que lo rodea. Un acorde de 3 notas sólo puede ser *mayor, menor, aumentado* o *disminuido*. Pero un acorde de 4 notas o más, se puede llamar de forma diferente y es el mismo acorde. Por ejemplo tomamos el acorde de C+maj7, también se le puede llamar E/C. Si lo analizas le vas a entender porque.

De acuerdo al tono en que este la canción es el nombre que le vas a dar al acorde. También una misma melodía se puede acompañar con diferente armonía, para darle un *color* diferente a la música.

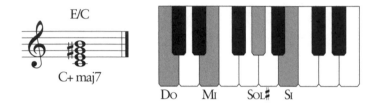

Aquí te muestro este fragmento musical y si lo analizas vas a ver como los acordes se pueden llamar de diferente forma, pero siempre se va a escuchar igual. Escúchalo en el CD.

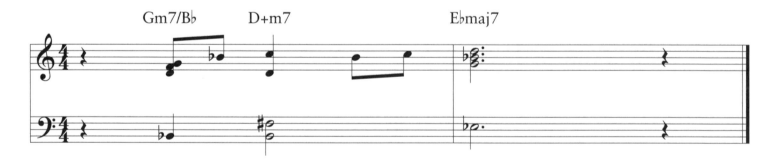

Las notas son las mismas y están en la misma posición, pero se le puede llamar con nombres diferentes. Aquí te pongo la misma música pero con nombres diferentes. Analízalo y lo vas a entender perfectamente .

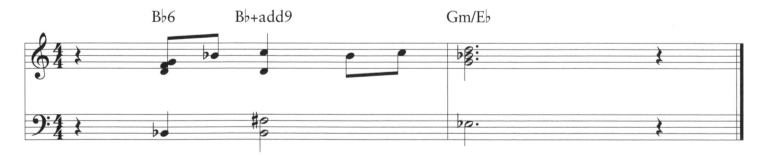

ACORDES DE NOVENA, ONCENA Y TRECENA

Por supuesto que no sólo hay acordes de tres notas y cuatro notas, también hay acordes con 5 notas, son los *acordes de novena*. Los acordes con 6 notas se les llama *acordes de oncena*, y los que tienen 7 notas se les llama *acordes de trecena*. No hay acordes con 8 notas porque sería repetir la misma nota dos veces y recuerda que los acordes tienen que ser con notas diferentes. Sería un poco largo explicarte cada uno de ellos en detalle. Recuerda que la música es muy extensa y este es el primer nivel de armonía. Por lo pronto te voy a explicar lo básico y cómo se forman los acordes y porque son de novena o séptima o trecena.

72 UNA NOTA = UN SOLO SONIDO

Empezamos con **una sola nota**: *Do*. Ésta es la nota fundamental para empezar a formar los acordes. (Recuerda que para formar acordes en más tonos, la nota fundamental puede ser cualquiera, *Re*, *Fa♯*, *La*, *Si♭*, etc.)

73 DOS NOTAS = INTERVALOS

Entonces *Do* es la nota número 1, *Re* es la número 2, *Mi* es la número 3. Ahora tienes 2 notas diferentes al mismo tiempo, pero no es un acorde. **Dos notas es un intervalo**, en este caso es una tercera mayor. Por eso *Mi* es la tercera del acorde

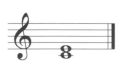

74 TRES NOTAS = ACORDES

Ahora ya hay **3 notas diferentes**, todos los acordes con tres notas diferentes se les llama acordes de *quinta*, o *triadas*. En este caso es el acorde de *Do mayor*. Si contamos las notas a partir de la fundamental que es *Do*, entonces *Re* es la 2ᵈᵃ nota y *Mi* es la 3ʳᵃ, *Fa* es la cuarta y *Sol* es la quinta. Por eso se les llama acordes de quinta.
Un acorde de *quinta* o *triada* puede ser: *mayor, menor, aumentado o disminuido*.

75 CUATRO NOTAS = ACORDES DE SÉPTIMA

Si le agregamos una cuarta nota, ahora tenemos los acordes de séptima. La nota fundamental es *Do* y la séptima es *Si*. Hay varios tipos de acordes de séptima, el más común es *séptima de dominante*.

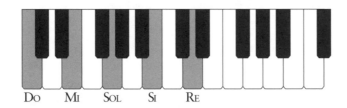

76 CINCO NOTAS = ACORDES DE NOVENA

Aquí tienes los acordes de novena. Si le agregas una nota más a los acordes de séptima, o sea 5 notas diferentes, entonces esa nota es la novena del acorde, en este caso es *Re*, porque *Do* es la fundamental. Hay muchos tipos de acordes de novena. Recuerda que este es el primer nivel, más adelante los conocerás todos, sólo apréndete que con 5 notas es una novena.

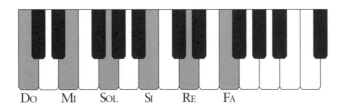

77 SEIS NOTAS = ACORDES DE ONCENA

Con seis notas formas las oncena. Fíjate como vamos agregando de una por una las notas, pero en lugar de hacerlo en forma de escala, vamos brincando, una sí, una no, una sí, una no. De esa forma se hacen los acordes, por eso *Fa* es la oncena, porque es la nota número 11 empezando de *Do*. El primer *Fa* que ves es la 4ta nota y el siguiente es la 11va nota.

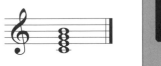
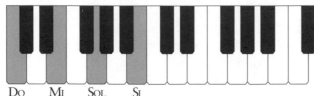

78 SIETE NOTAS = ACORDES DE TRECENA

Por último tenemos el acorde de trecena, que se hace con 7 notas. La nota número trece empezando de *Do* es *La*. Si quisiéramos poner una nota más, sería el *Do*, pero ya se repite y por eso no hay acordes de quincena.

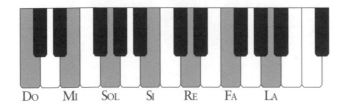

CIFRADO COMPLETO

Ésta es sólo una base para que sepas que significa la letra que ves arriba de la melodía en los libros de música.

C Cuando veas una letra sola, indica una triada, o sea un acorde mayor que tiene 3 notas. En este caso es el acorde de *Do mayor* = *Do, Mi, Sol.*

G Si la letra es G, pues el acorde es de *Sol.* Si la letra es Bb, pues es *Si bemol*, y así sucesivamente.

Cm Cuando se le agrega una *m* después de la letra mayúscula, significa que el acorde es menor. En estos ejemplos los acordes son de *Do menor* = *Do, Mib, Sol* y

Ebm *Mi bemol menor* = *Mib, Solb, Sib.* Algunas editoras usan una rayita al lado de la letra mayuscula: **C-**, o a veces escriben así: **Cmin.** Lo más común es la *m* chiquita.

C7 Si tiene un 7, es el acorde de *séptima de dominante.* En la música popular se usa como el acorde de segunda (Cuando es en una canción dices: *primera* y *segunda*). En este caso es el

D7 acorde de: C7= *Do7*=*Do, Mi, Sol, Sib* y el otro es el acorde de D7=*Re7*=*Re, Fa#, La, Do.*

Cdim Una bolita °, y en ocasiones la abreviatura *dim*, es para los acordes disminuidos. El que mas se usa es *dim.* Éste es el acorde de Cdim= *Dodim*=(*Do disminuido*)=*Do, Mib, Solb.* Se puede escribir también así: *Cdim*, o así: *C°.*

C+ Cuando es un acorde aumentado, de 5ᵗᵃ aumentada; por ejemplo *Do aumentado*=*Do, Mi, Sol#*, entonces se usa el símbolo de "+", y se escribe así: *C+.* Todos los acordes que veas con el símbolo de +, son acordes aumentados.

Csus Se utiliza *sus* para representar un acorde suspendido. Este tipo de acordes es un acorde de *oncena.* Si no puedes tocar las 6 notas que tiene el acorde de oncena, sólo tocas 4,

C7sus entonces le agregas la 4ᵗᵃ nota, o la *oncena*, que es la misma nota. En el caso de *Dosus*=Csus, se le agrega el *Fa.* El acorde se toca: *Do, Mi, Fa, Sol.* Como el *Mi* y el *Fa* están pegaditos a solo ½ tono de distancia, en la música popular acostumbran quitar la nota *Mi* y sólo tocan: *Do, Fa, Sol.* Este acorde se oye como incompleto, por eso le llaman *suspendido*, porque generalmente tocan este acorde así y enseguidita lo resuelven al tono completo de *Do*, o sea tocan: *Do, Fa, Sol* y enseguida, *Do, Mi, Sol.* Tócalo en el teclado y lo vas a oír mejor. En el caso de C7sus, es lo mismo, agrégale la 4ᵗᵃ nota al acorde de C7.

Cm7 Éste es un acorde de Cm7=*Do menor 7*=*Do, Mib, Sol, Sib.* Este acorde es muy común. Fíjate que el 7 está después de la letra *m*, por eso el intervalo de *Do* a *Sib*, es de *séptima menor.*

Cmaj7 Si el intervalo de *Do* a *Si* es de *séptima mayor* y el acorde es mayor, entonces se usa la abreviatura de mayor en el idioma inglés que es *major* (se pronuncia *meiyor*), y se abrevia *maj.* Cmaj7=*Do, Mi, Sol, Si.*

B$^{\emptyset}$7

Bm7(♭5)

El acorde *semi-disminuido*, o sea: *SI, RE, FA, LA* es un poco más difícil de escribir. Como la ° es disminuido entonces la$^{\emptyset}$, es semi-disminuido y se escribiría asi: B$^{\emptyset}$7. Como es un poco problemático escribir el $^{\emptyset}$ porque no existe en todos los teclados de las computadoras, entonces lo escriben así: Bm7(♭5), que son las mismas notas, porque Bm7=*SI, RE, FA♯, LA*. El *FA♯* es la 5ta del acorde, por lo tanto si le pones (♭5), entonces el 5to grado lo bajas medio tono, o sea el *FA♯* se hace *FA* natural, y el acorde se hace: *SI, RE, FA, LA* que es lo mismo.

Dm6/B

Otros editores lo escriben así: Dm6/B. Que viene siendo lo mismo, porque Dm=*RE, FA, LA,* si le pones el 6to grado que es el *SI,* es: Dm6=*RE, FA, LA, SI,* pero como el *SI* tiene que estar en la nota del bajo, por eso le pones la barra /, y luego el B, que significa el acorde con el bajo de *SI.* La **/** se usa para indicar la nota del bajo.
Recuerda que ya habíamos descubierto que un mismo acorde se podía escribir de diferentes maneras.

Cmaj7(♯5)

Cmaj7($^{♭5}_{♯9}$)

Si le quieres agregar una alteración al acorde, se usa los símbolos de ♭ o ♯, por ejemplo el acorde de:
Cmaj7(♯5)=*DO, MI, SOL♯, SI*. Primero tocas el acorde sin la alteración del paréntesis y luego lo alteras. Todo lo que esta entre paréntesis se debe obedecer. Algunas veces usan dos alteraciones entre paréntesis: Cmaj7($^{♭5}_{♯9}$)

Cadd4

Cadd2

La abreviatura de *add*, significa *agregar*, o sea si tienes Cadd4, entonces tocas el acorde de *DO*=*DO, MI, SOL* y le agregas la 4ta que es *FA*. Cadd4=*DO. MI. FA, SOL.* Por eso al *sus* normalmente le quitan la nota *MI.* Le puedes agregar la nota que quieras: Cadd2=*DO, RE, MI, SOL,* Cadd6=*DO, MI, SOL, LA.*

LISTA INDIVIDUAL DE TEMAS MUSICALES

1. Las notas (Los 12 sonidos de la música)
2. Escala cromática (ascendente y descendente)
3. Alteraciones
4. Algunas reglas para usar las alteraciones
5. Intervalos
6. Tono y Semitono
7. Semitono diatónico y semitono cromático
8. Unísono
9. Segunda menor
10. Segunda mayor
11. Tercera menor
12. Tercera mayor
13. Cuarta justa
14. Cuarta aumentada / Quinta disminuida
15. Quinta justa
16. Sexta menor
17. Sexta Mayor
18. Séptima menor
19. Séptima mayor
20. Octava justa
21. Escala mayor
22. Acordes
23. Demostración de un arreglo
24. Acorde mayor
25. Acorde menor
26. Acorde disminuido
27. Circulo de *Do*
28. Progresión N° 1
29. Progresión N° 2
30. Progresión N° 3
31. Progresión N° 4
32. Inversión del acorde de *Do*
33. Voces
34. Melodía a tres voces
35. Notas comunes
36. Acordes comunes
37. Melodía sin notas de paso
38. Melodía con notas de paso
39. Melodía con mas notas de paso
40. Transposición
41. Transposición de una escala
42. Escala menor natural
43. Escala menor armónica
44. Escala menor melódica
45. Canción en tono menor
46. Escalas menores de todos los tonos
47. Grados en la escala menor natural
48. Grados en la escala menor armónica
49. Grados en la escala menor melódica
50. Acorde aumentado
51. Progresión N° 5
52. Progresión N° 6
53. Progresión N° 7
54. Progresión N° 8
55. Inversión del acorde de *Do menor*
56. Arpegios
57. Arpegio instrumental
58. Arpegio clásico
59. Arpegio combo
60. Arpegio ascendente
61. Arpegio avanzado
62. Modos griegos
63. Acordes de séptima
64. Acorde de séptima mayor
65. Acorde de séptima menor
66. Acorde de quinta disminuida menor siete
67. Acorde de séptima de dominante
68. Acorde menor con séptima mayor
69. Acorde aumentado con séptima mayor
70. Acorde de séptima disminuida
71. Diferentes nombres de un mismo acorde
72. Una nota = un solo sonido
73. Dos notas = intervalos
74. Tres notas = acordes
75. Cuatro notas = acordes de séptima
76. Cinco notas = acordes de novena
77. Seis notas = acordes de oncena
78. Siete notas = acordes de trecena

PRIMER NIVEL: APRENDE ARMONÍA FÁCILMENTE
por Victor M. Barba

Gracias a mi familia por ayudarme y apoyarme en la realización de este libro.
Gracias también a Betty, mi esposa y a mis dos hijos, Carlos y Cindy.

NOTA BIOGRÁFICA DEL AUTOR

Víctor M. Barba estudió música en el Conservatorio Nacional de Música de México D.F. Cuenta en su poder con varios premios entre los que se encuentran dos premios Nacionales de Composición. Es así mismo autor de un concierto para piano y unas variaciones sinfónicas. Su música ha sido interpretada por la Orquesta Sinfónica del Estado de México, bajo la dirección del Maestro Eduardo G. Díazmuñoz. Desde muy joven impartió clases de música en diferentes escuelas y a nivel privado, pero no fue hasta 1996 que fundara la escuela Easy Music School. Su sistema de aprendizaje *Música Fácil* © ha ayudado a miles de personas aprender música de una manera práctica y profesional. Como productor de discos y arreglista trabajó junto a Cornelio Reyna y recientemente compuso la banda sonora de la película *Sueños amargos* protagonizada por Rozenda Bernal y Alejandro Alcondez. Víctor M. Barba se destaca también como autor y ha publicado varios métodos para tocar instrumentos musicales tan variados como: teclado, acordeón, batería, solfeo e incluso canto. En la actualidad se concentra en la escritura de libros para trompeta, violín y armonía. Es miembro de BMI y sus canciones han sido interpretadas por artistas de renombre internacional.